L'ACHARNEMENT

Roger Knobelspiess

L'acharnement

ou
La volonté
d'erreur judiciaire

FRANCE LOISIRS
123, boulevard de Grenelle, Paris

Édition du Club France Loisirs, Paris
avec l'autorisation des Éditions Stock.

ISBN 2-7242-1115-4

Ce livre a été publié avec le soutien du Comité de défense de Roger Knobelspiess composé, entre autres, de :

— Guy Bedos,
— Alain Bombard,
— Marie Cardinal,
— Roger Garaudy,
— Jean Genet,
— Père Guy Gilbert,
— André Glucksman,
— Claude Mauriac,
— Professeur Minkowski,
— Claude Manceron,
— Yves Montand,
— Frédéric Pottecher,
— Simone Signoret,
— Paul Thibaud,

Note de l'éditeur : Nous nous excusons auprès des très nombreux membres du comité de défense que nous n'avons pu tous citer, pour des raisons de mise en pages.

« Comment traduire les 12 années que je viens de passer ?... » — « C'est l'exploit quotidien de vaincre et de continuer... »

Roger KNOBELSPIESS a 33 ans.
Il a passé près de la moitié de sa vie en prison :

Juin 1969 : Une station-service est agressée, 800 francs sont volés. Parallèlement Roger Knobelspiess est sorti de prison depuis une semaine.
Il est arrêté sur l'accusation de son co-inculpé. « Rien ne rime mieux avec casier judiciaire qu'erreur judiciaire. »

1970 : Son avocat, convaincu de son innocence, lui conseille de demander l'incompétence du tribunal correctionnel. « Aux assises, vous serez acquitté. »

16 janvier 1971 : Son frère Jean Knobelspiess est tué au volant de sa voiture par un commerçant en train d'être cambriolé.

16 février 1972 : Roger se constitue partie civile contre le commerçant.

4 mars 1972 : Lorsqu'il comparaît devant les assises d'Evreux, la campagne en faveur du commerçant meurtrier bat son plein : Roger Knobelspiess est condamné à 15 ans de réclusion. Le commerçant bénificiera d'un non-lieu.

1972-1977 : Il ne cesse de clamer son innocence et de protester contre ses conditions de détention (lettres, grèves de la faim, automutilations...).

1974 : L'avocat général qui requit contre lui appuie une demande de révision qui est rejetée.

Octobre 1976 : Il obtient 48 heures de permission au bout de 7 ans. Ne rentre pas.

Mars 1977 : Il est réarrêté, et inculpé de nouveaux faits. Il est actuellement en grève d'instruction afin d'essayer d'obtenir une ultime fois la révision de son procès. Pour ces raisons, il comparaît au tribunal correctionnel de Rouen. Nouvelle condamnation, 3 ans, et doit recomparaître aux assises.

Avril 1980 : Publie *Q.H.S.* aux Editions STOCK 2. *L'Acharnement* est son deuxième livre.

Il est actuellement au centre de détention de Melun, une prison « ordinaire ».
« Là, j'espère tenir jusqu'à ma libération », dit-il.
Mais quand sa libération ?

Préface

Coupable d'innocence

N'attendez pas de belles phrases, je n'ai pas envie de faire de la littérature sur les prisons, encore moins sur un prisonnier. Et qu'est-ce qu'une préface, sinon de la littérature ?

Mais un livre comme celui-ci où un prisonnier, et tel depuis neuf ans, fait appel à la littérature pour mieux dire, une nouvelle fois, l'innocence qu'il n'avait pu, des années durant, que vainement crier ?

« Je suis rongé intérieurement par mon innocence bafouée », ce n'est pas de la littérature, non. L'écrit gagné par Roger Knobelspiess sur le cri lui permet d'espérer qu'il se fera entendre et comprendre, enfin.

On essaya d'étouffer sa voix en enfermant celui qui protestait, appelait, hurlait en ces lieux que l'on nomme « quartiers de haute sécurité », où, ce que l'on étouffe aussi, à force de silence et d'isolement, c'est l'être même d'un homme. Et ce fut le premier livre de Roger Knobelspiess, paru l'année dernière dans la même collection, *Q.H.S...* Quartiers de haute sécurité dont Michel Foucault rappelait, dans sa préface, qu'ils étaient destinés à rassurer aussi bien le personnel pénitentiaire que le public. En leur donnant de surcroît bonne conscience. Ces quartiers ne concernaient-ils pas qu'une poignée de furieux ?

A quoi Michel Foucault répondait, avec sa logique imparable :

« *Roger Knobelspiess* [...] *a été condamné pour un crime qu'il nie farouchement. Pouvait-il s'accorder à la prison sans se reconnaître de lui-même coupable ? Mais on voit le mécanisme : puisqu'il résiste, on le fait passer au Q.H.S. S'il est au Q.H.S., c'est qu'il est dangereux. " Dangereux " en prison, donc plus encore s'il était en liberté. Il est par conséquent capable d'avoir commis le crime dont on l'accuse. Peu importe qu'il le nie, il aurait pu l'avoir fait. Le Q.H.S. relaie les preuves ; la prison* montre *ce que l'instruction avait peut-être insuffisamment démontré.* »

Insuffisamment, certes. L'innocence de Roger Knobelspiess, nous la pouvions déceler au ton même de son indignation et de sa colère, avant de presque rien savoir de l'affaire pour laquelle il avait été condamné le 4 mars 1972 à quinze ans de réclusion criminelle par la cour d'assises de l'Eure pour un vol à main armée de huit cents francs qu'il nia toujours avoir commis. Il y a un ton qui ne trompe pas, qui à ma connaissance ne m'a jamais trompé, et je n'ai jamais douté de la très probable innocence de Roger Knobelspiess. La lecture du dossier, celle de ce livre, en font une quasi-certitude que seul un nouveau procès pourrait établir. Ce qu'a tenu pour vrai un jury, au nom du peuple français, seul un nouveau jury peut l'infirmer, notre système judiciaire étant tel qu'il est possible de faire appel si l'on a été condamné en correctionnelle à quelques mois de prison, mais non par une cour d'assises à vingt ans ou à mort.

Très probable innocence... quasi-certitude... Que l'on me pardonne ces prudences verbales de pure forme. Je pondère de doutes apparents ma certitude pour obéir à la règle d'un jeu que nous n'avons pas le droit de contester puisqu'il est la loi de ce pays. Drôle de jeu qui devient, parfois, jeu de massacre. Roger Knobelspiess n'est pas le seul possible, probable, innocent incarcéré depuis des années dans nos prisons. D'autres ont parlé, je parlerai une autre fois de Guy Mauvillain et de Daniel Debrielle.

Déclaré coupable par une cour d'assises, Roger Knobelspiess est donc tel au regard de la loi et sa juste colère n'y changera rien tant qu'un autre jury ne l'aura pas déclaré innocent. C'est ce qu'il réclame avec détermination, constance, véhémence, au point de refuser de rendre, pour d'autres affaires, des comptes à la justice, tant que justice ne lui aura pas été, pour la première, rendue. Une demande en révision est, en ce moment même, déposée par son nouvel avocat, Me Henri Leclerc. Ce livre peut être déterminant dans une éventuelle cassation et un nouveau procès. Ce ne serait pas la première fois (on l'a vu avec Pierre Goldman) que la littérature servirait à la manifestation, fût-elle tardive, de la vérité.

Roger Knobelspiess n'est pas raisonnable, nous dit-on, de faire ainsi la grève de l'instruction pour des faits qui lui sont reprochés, des actes qu'il aurait commis lors d'une permission dont il n'était pas rentré. Raisonnable, comment pourrait-il l'être, puisque les seules raisons furent toujours contre lui, depuis le début de sa vie, celles du plus fort qui, pour notre honte et en notre nom, écrasent les pauvres et les vouent depuis l'enfance à la prison.

Garçons jetés dès leur plus jeune âge à la rue et de la rue à la prison, et de la prison de nouveau à la rue, avant que la prison ne les engloutisse pour de longues années cette fois. Il faut que jeunesse se passe et jeunesse se passera sans liberté, sans dignité, et, sinon sans amour, sans femme.

Pour ces jeunes, si nombreux, toutes les rues mènent à la prison. De tentantes richesses leur sont montrées à profusion. Ils ont le droit de regarder, mais non pas de toucher. Si fragile qu'elle soit, c'est un mur que cette belle vitrine. Mur ici transparent. Mais, toujours infranchissable, mur de l'argent, encore. De l'argent qu'ils n'ont pas.

Un film en vidéo a été réalisé par le comité de soutien de Roger Knobelspiess. On y entend parler, aujourd'hui encore, avec une tenace bonne conscience, les voisins d'une famille coupable, les Knobelspiess. Coupable de misère. De malchance. D'injustice. Coupable d'innocence. Quelle preuve plus assurée de la culpabilité de Roger que la mort de son frère Jean, tué au volant de sa voiture alors que, au cours d'un vol, il faisait le guet ? La démonstration est si évidente que cette dame pourrait la reprendre en sens inverse, induire de la culpabilité de Roger au meurtre légitime de Jean, pourquoi pas, et c'est peut-être ce qu'elle a fait, je ne me souviens plus. Seul me reste, mais ineffaçable, le souvenir de cette satisfaction de qui est du bon côté, celui des honnêtes gens que la justice n'a jamais à frapper mais toujours à défendre.

« Quinze années de ma vie congelées... » « Le cube de béton sous lequel je suis coulé à vif... » Raisonnable, comment Roger

Knobelspiess pourrait-il l'être après ce double déni de justice, la mort de son frère, et la mort de sa propre jeunesse engloutie ? Après la faillite des raisons qui l'innocentaient et dont le moins que l'on puisse dire, est qu'elles n'ont pas été examinées lors de l'instruction et du procès, avec toute l'attention, l'objectivité, le sérieux souhaitables ? Et alors qu'à l'occasion d'une affaire autrement grave qu'un vol de huit cents francs, le meurtre de son frère, il y avait eu non-lieu, la légitime défense ayant été retenue ?

Au chagrin de Roger se mêlait déjà la colère. Il n'allait pas moins à son procès avec confiance. Il était innocent et ne croyait pas, nous dit-il, à la possibilité de l'erreur judiciaire. Les charges étaient si faibles, si peu cohérentes, que son avocat lui-même, ne doutant pas de l'acquittement, avait préféré les assises, alors que l'affaire aurait dû normalement venir en correctionnelle où la peine maximale, en cas de condamnation, n'eût pu être que de quelques années. Un jury reconnaîtrait une si évidente innocence...

Le verdict tomba. Quinze ans de réclusion criminelle. Il y a neuf ans de cela. « J'étais à point nommé en prison, et dès lors il ne fut plus question que je sois innocent [...]. Rien ne rime mieux que casier judiciaire avec erreur judiciaire... »

De même qu'il y a des « honnêtes meurtriers » (l'expression est de Roger Knobelspiess) y aurait-il des innocents déshonnêtes ?

Comme il est seul et vulnérable, pour peu que son avocat soit insuffisant, le jeune accusé face à l'appareil théâtral de la justice ! Rites et rythmes imparables. Implacable machinerie. Mise en scène d'un drame qui ne sera effectivement tel que pour un seul homme, le présumé coupable (et non pas, trop souvent comme la loi en fait pourtant l'obligation, le présumé innocent...). Il y a un passage impressionnant de ce livre sur cette comédie-là.

« Le fond des souterrains du temps. La trappe refermée... » Et cette promesse de jour, soudain, la lumière de cet amour pour Helyett (car c'est aussi un livre d'amour que celui-ci). Avec cet admirable cri, ce rêve dont tout permet de penser qu'il sera réalisé : « Vivre avec toi. Faire des livres à côté de toi... »

Il arrive que la littérature sauve. Il arrive même très exactement et au sens où un prisonnier peut l'entendre, qu'elle aide un homme à se libérer.

CLAUDE MAURIAC.

1

L'assassinat de mon frère

« Sous un gouvernement qui emprisonne quiconque injustement, la véritable place de l'homme juste est aussi en prison. »

HENRY DAVID THOREAU.

Dans ma cellule de la maison d'arrêt d'Evreux, je vivais l'attente du parloir. Mon frère Jean s'efforçait de venir régulièrement. Généralement le samedi. Le lundi et le mercredi, autres jours de parloir, restaient vides, sans espoir de visites. Mais pourtant j'espérais, et c'était pour moi une plus longue journée.

Seul Jean avait la solidarité chaleureuse. Rieur de ses propres malheurs, tout dans sa vie devenait jeu, comme un défi pour se consoler de sa condition de pauvre, en butte constant aux problèmes de survie. Les cycles et quêtes de travail pour subsister, sa femme, ses deux enfants qu'il adorait et le parloir du samedi, le plus souvent possible. Il se faisait un devoir de me consacrer ce qu'il pouvait de présence.

Derrière la vitre hygiaphone, ses yeux me communiquaient son inquiétude d'être sans emploi fixe, sa crainte de plonger en taule. Mercredi était jour plus morne. J'occupais la cellule n° 13, que le chef de détention avait fait spécialement renforcer. M'y tenant isolé, moi le prisonnier gênant, déjà révolté, manifestant sans relâche son innocence. Depuis deux ans, je ne voyais quasiment personne hormis ce frère derrière la vitre séparatrice, et parfois ma mère lorsqu'elle pouvait se déplacer. C'était douloureux, elle pleurait, elle avait mal de me voir là. De temps en temps, le chef de détention me gratifiait de ses gestes humanitaires abrutissants, et c'est ainsi, à part la seule demi-heure de visite par semaine où je pouvais parler et voir une personne, qu'il mettait avec moi en promenade un ou deux prisonniers triés sur le volet afin de briser un peu ma solitude. C'était généralement des errants, des vagabonds emprisonnés pour quinze jours ou un mois, non soupçonnables de vouloir monter une cavale. Il m'était difficile d'avoir des échanges avec ces malheureux en guenilles respirant la crasse. La promenade avait lieu dans cette cour en forme de portion de fromage : le « camembert », ainsi la nommait-on, avec de hauts murs sales que fuit le regard...

C'est ce mercredi-là que la nouvelle me parvint. Les surveillants m'avaient escorté de la promenade jusqu'à la cabine, une cage servant de parloir. De l'autre côté de la vitre, mon beau-frère m'apparut, le visage crispé de chagrin. Ma joie de la visite impromptue s'annihila et l'angoisse s'empara de moi. Il parla le premier.

— Jean.

— Quoi, Jean ?

— Oui... Jean...

— Mais quoi ?

— Jean est mort !

— Non... Oh ! non, c'est pas vrai, dis...

Il m'est impossible de transcrire cette horrible fulgurance de la douleur brute. J'ai pleuré, j'ai crié, j'ai hurlé. Je suis resté hagard avant de saisir les explications de sa mort subite. Abasourdi d'entendre l'inacceptable de cette mort de mon frère en moi-même, mon frère, ce que j'avais d'amour, de tendresse, de complicité, de vie au monde. J'entendais le récit de mon beau-frère, les circonstances. Non ! Irréel... Ce choc en moi, cette secousse où s'écroulaient toutes les années de ma vie. Mais... fin de ce parloir. Effondré, j'ai dû regagner ma cellule avec une double escorte de matons. Dans la cellule il y avait encore des tablettes de chocolat, ce qui restait du colis qu'il m'avait apporté à l'occasion exceptionnelle de Noël. C'était courant janvier. Le 16 janvier il avait été abattu par un commerçant. Cinq balles, deux mortelles.

Le commerçant, un notable et tireur d'élite. Mon regard est tombé sur les tablettes de chocolat. Les matons regardaient à travers l'œilleton. Je me suis écroulé, j'ai pleuré, pleuré... Longtemps affaissé à sangloter comme un chien battu, sans force. J'ai tourné en rond dans la cellule jusqu'à l'épuisement. J'ai dû me mettre au lit, m'endormir comme une masse. Le lendemain, j'avais les yeux rougis et en moi la haine, le désir de vengeance. Tout savoir de cette affaire et me venger. Le tuer ce chien galeux de commerçant. Le faire souffrir et, pour autant, je ne serai pas satisfait... Le meurtre m'est inconcevable, la pensée de donner la mort m'horrifie, pourtant je le ferai, je vengerai Jean. Je forçais ainsi ma pensée pour ne pas sombrer. Je pleurais encore, délirais à voix haute : « Mon petit frère, Jeannot, je vais te venger, je te promets Jeannot. » J'avais besoin de cette haine, de me sermenter d'une vengeance terrible pour tenir le coup. Là, dans cette cellule, traité comme une bête honnie, trop méprisable pour des condoléances, sans autre attention que la mortifiante surveillance de mes réactions pour s'assurer sans doute qu'il ne me poussait pas de crocs...

Je suis resté des jours entiers dans cet état de stupeur, totalement terrassé. Quelques surveillants essayèrent de lier conversation avec moi, lors du sondage des barreaux. J'étais devenu muet, prostré.

— Allez, Knobelspiess, faut vous remonter le moral, qu'est-ce que vous voulez, c'est la vie.

— Non !

— Mettez-vous à la place du commerçant... Il voulait peut-être pas le tuer ? Et puis votre frère attendait les voleurs, faut se mettre à la place de ce type qui se fait dévaliser de son bien.

— Non !

— Vous verrez le jour où vous serez volé comment vous réagirez.

— Finissez le sondage de vos barreaux, laissez-moi, je ne vous demande rien.

Un midi, le surveillant-chef est entré dans la cellule :

— Je viens de recevoir un coup de téléphone du procureur général. Il vous fait savoir qu'il ne vous accordera pas l'autorisation d'aller à l'enterrement de votre frère, même sous escorte.

On ne me laissa pas accompagner les miens et mêler notre douleur. Pendant l'enterrement, ma mère Gaby pleurait son petit. Douze ans après, elle le pleure encore. Au parloir il suffit qu'on parle de Jean, qu'on évoque un souvenir et nos yeux s'embuent d'une larme sèche le temps d'un instant. La dernière fois, c'était au parloir rapproché de Melun. Gaby avait fait le voyage pour venir avec Francine ma sœur et Helyett. Elle est âgée et en mauvaise santé. Je ne la vois pas souvent. Francine était furieuse qu'on ne l'ait pas laissée entrer. Cela faisait deux ans que nous ne nous étions pas vus, son permis était périmé. Pourquoi ? Ces choses sont courantes, la pénitentiaire a toujours de ces surprises poivrées qui vous dégringolent dessus et suffisent à assombrir le peu de joie que procure une visite. Mais en vain... On a parlé de Jean, Helyett était blottie contre moi. Gaby disait : « Il rentrait en coup de vent à la maison, il soulevait le couvercle de mon pot-au-feu et j'étais obligée de l'engueuler. C'était sa manie, je ne disais plus rien, sinon il repartait. Je lui mettais une assiette et il mangeait comme quand il était p'tit. » Gaby se tait un moment... Elle pleure. Helyett se serre contre moi. « Mais laissez mon gars, s'est reprise ma mère en souriant, pour une fois que je viens... »

Au moment de la levée de corps, Gaby, soutenue par Jacques et Daniel, mes deux frères, s'agrippait au cercueil. Dans la même salle où deux ans plus tôt on avait enterré mon père. J'étais alors en centrale et, fait exceptionnel, on m'avait accordé une permission. C'était en 1969. Devant le cercueil de mon père, je ne croyais pas à ce corps figé et froid, je voulais qu'il se réveille, qu'il se relève ; Jacques à côté pleurait avec moi. Après mon emprisonnement, Jacques m'avait relayé. C'est lui qui fit les ramonages avec Tonton, mon père. Il admirait l'esprit de débrouillardise du vieux pour vivre. Je suis rentré seul à la centrale. J'étais condamné à trois ans pour vols. Je ne contestais pas ma peine. Portant ma douleur, j'ai réintégré cette prison, où un directeur dur et rigoureux m'avait fait brutalement confiance.

On refusa à ma mère de voir le corps de son petit une dernière fois. Scène de déchirement. Le cercueil était fermé. Elle voulait qu'on l'ouvre. « Impossible », répétaient les croque-morts. Elle insistait, alors ils quérirent le commissaire de police qui bizarrement se trouvait là.

— Allez, madame, retirez-vous, laissez les employés des pompes funèbres faire leur travail.

— Je veux voir mon enfant, mon petit pour une dernière fois.

— Vous ne pouvez pas.

— Je vous en supplie.

— Allez, dégagez... Votre fils, si vous l'aviez mieux élevé ne serait pas là-dedans ; d'ailleurs, il est en morceaux, on l'a découpé pour les besoins de l'autopsie.

Et ma mère fut emmenée de force, sans jamais revoir Jean.

Cette scène, de m'avoir été tant et tant racontée, m'obsède comme une monstruosité tisonnant ma pensée à contresens. Aujourd'hui, je suis lucide sur toutes les prétentions valorisantes de cette civilisation, mais je ne suis pas sorti de mon chemin de croix, il faut encore que je parle, que j'écrive la mort de Jean.

Mon beau-frère Jacky, dès qu'il sut ce qui venait de se passer, alla voir Jean à la morgue. Il me dit : « Il avait du sang dans les cheveux, derrière la tête, sur la poitrine, on aurait cru qu'il dormait et allait se réveiller pour déconner comme d'habitude. Il était beau. » On dit qu'il ne faut pas sacraliser les morts... mais ils sont comme une douleur d'eux-mêmes qui survit en nous. L'expression réelle de notre amour qui se prolonge. On ne peut oublier ce qu'on a vécu, partagé de part en part ; sinon c'est la désincarnation de soi, la capacité délibérée de l'inconscience. Celle qu'on exige trop facilement du genre humain.

Mon frère est une victime de la misère sur laquelle on n'a pas hésité à cracher outrancièrement pour sauver un honnête assassin. A l'enterrement, tous les copains de la zone ouvrière d'Elbeuf étaient là. Ils avaient défilé chez nous. « C'est pas possible... C'est pas vrai... » Une vérité dramatique, inadmissible. Ils ne trouvaient que ces exclamations en écho au choc de leur douleur : « C'est pas possible... On va le buter le salaud qu'a fait ça, vous inquiétez pas, m'dame Knobelspiess, on va le venger. » Ma mère, elle savait plus, elle était sans force pour dissuader. Heureusement, il ne fut pas touché à un seul cheveu du salaud en question. Les pauvres sont passifs dans l'âme, leur impuissance leur fait admettre tout. Je ne parle plus de vengeance, première réaction de sauvegarde pour supporter l'insoutenable, je parle de la faculté d'admettre le pire, sans pouvoir se lever et protester. Les événements déferlèrent sur moi et la famille, d'assassinat en campagne de presse engendrant l'erreur judiciaire. Ils firent deux victimes. Mon frère Jean abattu, moi enfermé à mort, seul à hurler dans un sépulcre durant plus d'une décennie.

On vit aussi, à l'enterrement de Jean, un gros bourgeois des textiles normands. Contraste ou dissidence morale face à ceux qui, s'imprégnant de sang, raclaient jusqu'au fond de la boue pour s'immuniser et s'offrir la valeur inébranlable de leur honneur. Cet industriel avait employé Jean et, un jour où il était en panne avec sa rutilante auto, comme tous les garagistes étaient fermés, il avait sollicité les services de mon frère qui, endimanché, parce qu'un peu de sous à la maison, s'adonnait à un repas familial. Les rares fois où nous avions le ventre comblé. Il n'avait pas hésité à passer sous la bagnole du grassouillet cossu et salir sa belle chemise pour remettre la tire en marche.

Ce bourgeois, mal à son aise dans le cimetière envahi par toute la plèbe elbeuvienne, affichait un air de tristesse qui avait ému Gaby. Jeannot était un génie de la mécanique, un libre-service de dépannage pour tous les fauchés roulant malgré tout en bagnole grâce à lui. Un véritable Robin des bois de la machine. Il ramenait à l'usage pour les plus déshérités, salivant de tenir un volant, les déchets inutilisés de la consommation sidérurgique automobile. En deux coups de cuillère à pot, une quatre pattes, une Frégate, une Aronde, une traction, une vieille DS, une 203 redressaient le nez. Prenant les pistons de l'une, la coque de l'autre, il fabriquait un éblouissant cocktail de résurrections. Ça poussait maxi les vitesses ; ça avait un ralenti d'horloge...

Jean est mort.

La presse locale avait titré : « Foule nombreuse à l'enterrement d'un gangster mortellement blessé par un commerçant. » Elle qualifiait ainsi la population de cette foule essentiellement composée des exclus, ceux qu'elle appelle les mauvais garçons. Puis, faisant ses choux gras : « Le gangster Jean Knobelspiess, sûrement achevé par ses complices. » Complices si analphabètes qu'ils avaient été incapables de se rendre compte que Jean avait été tué sur le coup. Deux balles mortelles ; une dans le cervelet, une dans le cœur, une dans l'épaule, une dans l'estomac. Tellement assassins les complices qu'ils avaient foncé jusqu'à l'hôpital pour y déposer le corps de Jean, devant la porte, après avoir fait un maximum de raffut pour alerter le préposé de l'entrée.

Lors de l'enterrement, le seul souci de la police fut inattendu. Il ne s'agissait pas de s'inquiéter des circonstances du meurtre d'un homme. Que le meurtrier n'ait pas tiré en état de légitime défense, qu'il ait tiré de l'intérieur de son appartement au deuxième étage, « à l'intérieur » de la voiture où se trouvait Jean, de surcroît cible éclairée par un réverbère... Les policiers avaient tendu une embuscade le jour de la mise en terre pour tenter de découvrir, en priorité et avant tout, les voleurs de transistors. Embusqués derrière les tombes, soudain ils surgirent. Ce fut infâme, l'enterrement se transforma en course poursuite. Quelque temps plus tard, les compagnons de Jean furent arrêtés, jugés et emprisonnés, eux. Pour vol...

Nous autres, malheureux et béotiens, ne pouvions mesurer alors toute l'ampleur de ce qu'une caste de la petite bourgeoisie de province pouvait sciemment élaborer. On pensait seulement à de la méchanceté indigne. Les pétitions, la campagne orchestrée par les notables de Beaumont-le-Roger, les amis du commerçant, la louange du crime, relevaient de la science-fiction. Mais il s'agissait d'une forme nouvelle de valeur sociale, et ce qui se développa depuis cette affaire contribua à la banalisation du droit de tuer légalement sous caution de légitime défense. Quand le procureur de Bernay reçut toutes ces requêtes et pressions morales se déchaînant, tandis qu'il contrôlait l'instruction en cours contre moi, la suspicion légitime dans l'intérêt de la justice et de son principe de sérénité ne fut pas soulevée. Cela existe, certes, mais pas pour les chiens, et c'est bien ce que j'étais ; on allait me traiter comme un enragé congénital et œuvrer vers la curée.

Si le meurtrier de Jean n'était pas en état de légitime défense, c'est néanmoins sur le sens du vol d'un propriétaire qu'on a bien voulu fermer les yeux et cautionner le meurtre en faveur de cette campagne menée par des élus. Le meurtre qui défend le concept de propriété avilit la notion même de démocratie. Cette justice-là est conductrice d'une déviance vers un régime dur. C'est elle qui protège les assassins des bonnes causes. Lorsque monsieur tout-le-monde tue pour défendre son pavillon de banlieue, son gadget-auto, il défend un « raisonnement » de propriétaire. L'adoration sacrée de ce qu'il possède. Même s'il ne s'agit que d'une misérable condition d'existence face aux richesses de la planète ; on favorise la jungle dans l'intérêt des possédants. Et le petit propriétaire de ses reliques reconnaît implicitement le droit aux nantis d'être une poignée d'immenses propriétaires, y compris les possédants de la misère des autres et de tous ceux qu'on envoie s'aliéner à l'école de la pauvreté. Le Mimile possédant est avec le gros propriétaire uni par les mêmes termes de raisonnement, celui du privilège à défendre puisqu'il s'agit de privilège... et la loi se révèle le ciment de ce concept moral qui jette le brouillard sur la réalité. Il y a moralité bien-pensante d'être profiteur d'individus, et une même moralité fataliste d'être dépossédé par les grands, les forts ! D'ailleurs, le monde est ainsi fait... depuis que le monde est monde... on ne peut rien y faire... Quelle sottise !

Aujourd'hui s'installe et s'ajoute le code « Sécurité et Liberté », restauration implacable de la protection des immuables privilèges. Je lisais récemment dans *Le Monde* un article qui parlait enfin de la croissance de la famine en France, face à laquelle le Secours catholique devient littéralement impuissant. On risque sous peu de voir de nouveaux Eugène Sue venir tacher le pain blanc de tous les mythologues du pouvoir.

C'est de cette vérité crue d'où je viens, dont je parle. Mon quartier de la misère, cette antichambre de la prison en moi à jamais. Jean, lui, est mort...

Aurait-il pu imaginer son con de frère après toutes ces années écoulées ? Celui qui l'enviait sans cesse, qui rageait de jalousie parce qu'il savait conduire la camionnette depuis l'âge de treize ans, lui qui plaisait aux filles avec son doux visage, ses cheveux blond châtiné, son allure vive et musclée ; et moi, gros plouc, traînard et désobéissant. Même le jour de ma première communion j'ai déserté, j'ai fugué toute la journée avec une voisine. Pour une fois qu'il en fut une qui voulait bien être ma fiancée, qu'ensemble on joue au docteur. On se f'sait des piqûres avec des allumettes. Quelle trempe j'ai pris le soir ! Tout le monde contre moi dans la famille. Les oncles, les tantes, les frères et sœurs m'avaient tous cherché pour me conduire à l'église. Tu parles, on était planqués dans la cave d'une baraque en ruine, une empreinte de cette guerre dont on nous parlait tant, dont nous n'avions aucune notion. Ils nous en culpabilisaient déjà ces cons d'adultes. Si j'avais su, si ma pauvre tête avait pu mieux fonctionner, à dix ans, à peu près, j'aurais fondé un comité de déserteurs de première communion. Tiens, cela me fait penser qu'à trente-trois ans je suis encore insoumis. Bizarre, je n'en ai plus entendu parler de cette insoumission, de mon évasion de l'armée au moment où j'allais devoir porter l'uniforme...

Mon pauvre Jeannot, s'il avait su que rendu au moment fatidique de ma vie d'enfermé j'allais devenir écrivain. Il serait content. Il serait fier de moi. Dans la famille, ils râlent parce que je raconte des choses « qu'on devrait pas dire ». Mais ils sont satisfaits que je puisse survivre en écrivant. La mère, Gaby, vivace et émouvante, elle dit à la voisine : « Vous avez vu, on a parlé de mon fils à la télé... Oh ! vous savez, il est pas bête, il sait plein de choses, il pourrait être professeur. » Sacrée Gaby, on en a bavé nous les « Knob »... Je ne t'ai jamais autant adorée que ce 5 mai 1980 où l'on me jugeait à Rouen. Quand ces juges m'ont infligé trois ans de plus, tu t'es levée et à leur adresse tu as crié : « Et celui qui a tué mon fils, combien est-ce que vous devriez lui infliger à celui-là ? ! » Je t'ai relayée, alors que la salle comble d'amis, de sympathisants, de militants, de journalistes venus me soutenir et témoigner en ma faveur, quittait le tribunal tristement et avec honte, m'écrivirent-ils par la suite. Tu te souviens, ma Gaby chérie, je me suis dressé : « Monsieur le président, c'est ma mère qui parle, vous protégez l'assassin de son fils, vous me mettez dans une situation de haine par cette nouvelle condamnation ! »

Et une fois encore la réponse glaciale : « Gardes, emmenez le condamné. » Au cours de ce procès, j'ai brandi ma voix comme un cri, et puis, au moment où en pleine colère j'ai dû parler de mon frère assassiné, ma gorge s'est nouée, les larmes me sont venues et je me suis tu. Aussi vite que je m'étais levé. Toi, Gaby, enfin tu voyais des gens autour de toi. A plus de soixante années la chaleur humaine pansait ta vie de misère. Tu étais heureuse parce qu'un de tes fils, un des plus touchés, s'est relevé et n'a pas fini d'être « debout ». J'écris exactement comme une dépouille oubliée dont le sang refuse de cailler. C'est cela la banquise carcérale où je suis. J'ai deux sangs martyrs en moi. Le mien et celui de mon frère...

Mon pauvre Jeannot, les souvenirs sont durs comme le silence de cet engloutissement définitif où tu es enfoui sous la terre. J'y suis avec toi, sous la semelle de ce genre humain où j'ai le privilège de pouvoir encore cogner et hurler. Si je parviens à remonter là-haut, je t'emmènerai toujours avec moi. Dix ans après, en écrivant, je parle avec toi. Tu te souviens de tes conneries, tout ce que tu as pu faire à la maison. Cet univers pitoyable et la dèche dans laquelle nous étions tous. T'avais pas un rond pour vivre, pour te nourrir avec ta femme et tes deux mômes. Putain de société... T'envoyais Jacques faire des courses pour toi sur le compte de maman chez l'épicière qui nous faisait crédit. Je peux la citer. C'était une brave femme, Mme Hérenval. Jacques était complice, il jouait le jeu. Il ne disait rien à Gaby. C'était un gosse, mais il savait que tu crevais la dalle avec tes mômes. Il était solidaire.

Consternante vérité de cette survie miteuse d'où les meilleurs romans ont germé, la projetant de cette façon dans le fictif, dans l'irréel. Tu te souviens, le vieux, pour te défaucher, il te cédait une tournée de ramonage. Ou encore, on allait dans les décharges publiques pour y récupérer la ferraille qu'on revendait. On était contents d'une bonne journée tant cela signifiait de quoi avoir à bouffer. Et quand tu venais à la baraque, trouée par le froid et le vent, t'amenais Valérie dans le landau ; pendant que Gaby avait le dos tourné, tu y faisais enfouir par Jacques l'équivalent de trois pelles de charbon ou un kilo de patates. Gaby, elle râlait, elle se doutait, elle n'était pas contente. Sauf le jour où son porte-monnaie était gonflé par les billets des allocations familiales. Là, pour dix jours environ, elle était moins soucieuse, elle croyait que les sous allaient encore rentrer à la maison, qu'elle allait pouvoir un peu économiser, s'alléger de ce souci permanent et faire vivre la famille. Toute sa vie, elle a espéré faire des économies. Y arriver...

A Noël, les vieux, ils nous disaient : « Si les voisins vous demandent ce que vous a donné le Père Noël, vous répondrez des " Nanins-Bleus ". » Je n'ai jamais su ce que cela signifiait : des « Nanins-Bleus ». Et puis, je ne veux pas savoir, je garde en moi cette ignorance, ce charme, la mémoire de mon enfance : les Nanins-Bleus.

— Ouah ! l'autre... Moi j'ai eu une voiture à piles. Des Nanins-Bleus, qu'est-ce que c'est ?

— Je te dirai pas !

— Hé... Ça existe pas.

— Si ça existe justement et je te le dirai pas.

— Hé ! l'autre... Menteur t'as rien eu, tes parents c'est des pouilleux comme toi.

— Répète, j' t' casse la gueule...

— J' vais l' dire à mon père.

Je me précipite sur lui, il se sauve.

— Papa, papa, y'a l' gars Knobelspiess qui veut m' battre.

— Attends si j' t'attrape, p'tit morveux, qu'il me crie le père du voisin.

Et je détale. On va encore m'engueuler à la maison parce que je fais le con.

C'était cela nos Noëls. On était à peine dans la vie que le désespoir et la cruauté nous fauchaient. Eux là-haut, ceux qui nous gouvernent, ceux qui savent tout, ils s'en branlent de ça. Ma mère, elle cachait le beurre et le fromage, parce que si l'un de nous tombait dessus, il ne connaissait que sa propre faim.

— Ça c'est fort, qui est-ce qui a mangé tout le fromage ?

Et Gaby se fâchait.

— Allez, tous au lit, allez vous coucher...

Au lit, on se déchirait entre nous, on s'engueulait. Un ordre moral, des principes, des jugements ! comme s'il pouvait s'agir de nous-mêmes. Ce délabrement, cette survie affamée et vétuste, notre univers effroyable des crève-la-faim.

— Dis, fumier, c'est toi qu'as mangé le fromage, je vais le dire à meuman.

— Mais non, c'est pas moi... laisse-moi dormir !

— Dis, pousse-toi, prends pas toute la place... hé ! gros porc.

— Ah ! tu me laisses dormir oui ou

merde, tu cherches la bagarre ? J' te préviens ça va chier.

On s'engueulait ainsi, mais on se chamaillait plus qu'on ne se battait. Gaby intervenait. On se calmait, elle n'en pouvait plus de ses gosses : « Mais qu'est-ce qu'ils sont durs ! »

Un jour on n'avait pas de ronds, on manquait de tout. Jeannot, il avait fait une bricole, il avait gagné un peu de fric. On comptait sur lui. Le voilà qui se ramène tout fier avec une belle paire de pompes neuves. Vachement content de lui-même. Nous on a gueulé contre lui, c'était bien ses conneries, putain de famille ! C'est pas vrai ça. Jeannot a dit qu'il n'avait rien, que c'était ses sous à lui, qu'il était libre d'en faire ce qu'il voulait. « Alors va bouffer ailleurs, ne reste pas à la maison. Tu penses à ta gueule, nous on va penser à la nôtre. » Puis le silence. Finalement Jean est resté, il a mangé avec nous la soupe au céleri avec des tartines beurrées à la graisse de cheval. Maintenant, lorsqu'on en parle entre nous, on rigole, on se marre. Il était gonflé le Jean. C'était tout lui ça. En fait c'était une manière de ne pas se supprimer. La seule échappatoire devant le noir et cette hantise du manque perpétuel : s'acheter des pompes de bourgeois pour avoir l'air d'être moins l'esclave de cette pauvreté sans espoir.

2

Le transfert

« Pas un de vous ne souhaiterait l'emprisonnement, même de son pire ennemi, s'il se doutait de la profonde détresse qui accable l'homme en prison. »

LOUIS LECOIN.

Lorsque je quitte la prison dans mes fers, lorsqu'on me déplace, lorsqu'on m'escorte dans le long corridor de ma douleur, j'ai la sensation d'être extirpé du fond des décombres de la décharge humaine. Vestige d'une couche souterraine, sous la cité où s'empruntent et se pressent des pas pourtant si près. Mais l'on ne m'extrait pas de mon cauchemar et ce qu'il m'est donné d'apercevoir me neutralise tout espoir. L'espace environnant me semble atomisé avec ces gens dont il n'est plus possible de capter un regard. Ils ont une peur qui se filigrane de leur visage avec l'accoutumance qui les habille comme une nouvelle entité. Une séparation devenue infranchissable où l'on me fait passer comme un esclave de l'Antiquité, moi l'entravé, l'enchaîné. Je glisse derrière la vitre des consciences d'où l'on ne peut plus me voir, ou si peu que nul ne se choque et s'interroge.

Captif d'un temps pénitentiaire voué à l'éternité. Souffrant et ma tête si lourde au bord d'imploser, ne plus résister. Moi-même, arraché pour quelques heures au cimetière des vivants, de l'autre côté de la paroi, j'ai voulu tenter le dialogue avec ceux de l'escorte armée. J'ai essayé de m'ouvrir en me confrontant aux silhouettes d'individus qui représentent une affirmation humaine de la société. Rien n'y fit. Même s'ils tentèrent de m'écouter... voulant être présents à ce monde puisqu'ils n'en voient pas de rechange. Un dialogue à sens unique. Ils eurent peut-être le désir de vouloir me prêter attention, mais les gendarmes sont aussi les gendarmes d'eux-mêmes. Leurs pensées étaient linéaires, en harmonie avec ce temps maussade. La rue défilait sous mes yeux. Elle n'avait plus cette odeur, ces goûts frémissants du temps où j'ouvrais mes yeux sur elle. Maintenant c'est entre les gendarmes, au cœur d'une existence expresse, mûri de désillusions que je porte les regrets inconsolables de mes regards d'enfant.

La sérénité aurait dû logiquement m'envahir à la perspective d'être présenté à un homme dont le rôle s'inquiète de justice... Mais comment est-ce possible ? Comment traduire les douze années que je viens de passer, que je passe... tant de barrages pour arriver dans les yeux, les oreilles... le cœur de l'homme. Et celui précisément qui représente l'œuvre de cruauté se structure intérieurement pour ne jamais se l'avouer lui-même. Il siège sur les principes ou les raisons de la justifier, de la rendre surtout accessible au langage commun comme nécessité légitime. A partir de là, on fait abstraction sur tout ce qui odieusement pourrait exprimer l'inqualifiable réalité de l'individu voué au châtiment. J'étais donc sans illusion... Je suis encore aujourd'hui avec cet état d'âme qui n'a plus rien à voir avec celui d'un être normal ; fixe et rigide. Je suis une entité mortifiée. Tout ce qui s'imbibe de la prison sur le prisonnier pour sa simple survie est inouïe d'anomalies humaines, et il faut le courage de l'au-delà pour aller chaque jour dans une journée de prison. Un courage au bord de l'impossible pour résister à la corrosion des années et des années. L'abîme du suicide contamine le corps en corps à corps et c'est un exploit quotidien que de le vaincre et continuer...

La fourgonnette roulait en direction de Paris vers la gare Saint-Lazare pour aller à Rouen où l'on voulait m'entendre au palais de justice. Entre leurs mains, les murs ou les chaînes, le jour ne cesse de revêtir les reflets intarissables du désespoir. En arrivant à la gare, je guetterai la foule, m'efforçant intensément de ne pas quitter cette pensée, pris du besoin viscéral d'y apercevoir Helyett. La vision de ses yeux est la seule rive où je veux accoster ma vie. Notre Amour recrée en moi le bonheur de la naissance... les yeux qui s'ouvrent sur le monde. Aimer comme j'aimais vivre, comme j'aimais jouer lorsque j'étais petit enfant et que je ne savais rien. Notre fusion de douceur, soleil sur les récifs du monde après la nuit... Si on pouvait le vivre notre Amour, se réchauffer de notre voracité, de notre faim qui s'affame solitaire et mêlée... notre Amour...

Helyett et moi nous sommes douloureux et heureux. Rien n'est pire que la séparation de ceux qui s'aiment et, pourtant, c'est la volonté de cette société intelligente. Je ne cesse de rencontrer le pire au sein du pire. Et là, dans le froid de la structure de toutes les structures séparatrices, tourmenté par les geôles françaises, au fond de la camionnette bleue sans ciel, j'avais la nausée du regard, mon regard qui allait croiser le regard d'un juge. Comment peuvent-ils oser enfermer la vie humaine dans la démesure répressive et s'infamer abominablement dans l'erreur ? Les erreurs judiciaires fleurissent et s'éteignent par l'indifférence. Et l'oubli, dans le courant de cette actuelle moralité où le drame est banalisé dans un brouillard quotidien.

En traversant Paris, je regardais les Parisiens, ces beaux décors de la marchandise superflue. La fourgonnette a stoppé devant la gare Saint-Lazare. On m'a sorti avec les chaînes aux mains et l'escorte m'a convoyé à travers le hall, en direction des quais. La foule des voyageurs s'est écartée, vaguement intéressée et absente face aux gardiens et au prisonnier. Croisement de ma solitude, face à mon histoire greffée sur l'impuissance humaine. J'étais muet, dans mon sang qui battait à l'intérieur de moi. On marche, un homme me fait signe, je projette mon attention sur lui, il s'approche de moi. Je le reconnais, c'est Jean Chesneaux, je tire sur mes chaînes pour me dégager. J'arrive à l'embrasser.

— Reculez-vous, c'est interdit de parler à un détenu.

— Mais enfin, messieurs...

— C'est rien, lance un autre gendarme, je le reconnais, c'est un écrivain, il n'est pas dangereux.

Puis on me tire pour me soustraire à toute conversation avec Jean. Je suis content de l'avoir vu quand même, c'est un ami qui me soutient et je pense à Helyett qui doit être dans les parages.

On marche vers le train. Mais de quelle déportation suis-je l'objet ? Comment ne pas ressentir le triste passé ? Combien de fois ai-je vécu ce genre de situation... Il y a quelque six années en arrière, on nous avait extraits de la prison de Fresnes, nous étions dix-sept, entravés aux pieds comme des chevaux, entourés de C.R.S. mitraillette au poing ; un spectacle massif ! Les gens que les forces de l'ordre faisaient reculer nous regardaient comme jadis le départ d'un convoi de forçats, de tous les convois de déportation humaine. Ce jour-là, c'était le départ pour Clairvaux. Cette immense centrale perdue au centre de la forêt et d'un petit village, cette centrale où l'on ne voit jamais rire un prisonnier. Ces moments de ma vie comme une panoplie de descente aux enfers. Les anciens chefs de gare peuvent raconter ces spectacles de misère et de déchéance humaine. Aujourd'hui les transferts pour Clairvaux se font en car ; mais Clairvaux reste toujours Clairvaux...

Enfin, j'aperçois Helyett, elle court. Je sens mon être s'extraire de la marche funèbre, rosée matinale, je lui souris, sève de vie qui monte en moi. Il va falloir batailler avec les gendarmes pour qu'ils nous concèdent la possibilité de nous parler. Puis les silhouettes se précisent, Charles Blanchard, Josianne Lévêque, Denis Manuel et Colette Gadreau. Bientôt on se retrouve dans le compartiment, les gendarmes ont ouvert leur ceinturon, pris leur pistolet et en ont manœuvré la culasse. Claquement sec d'instinct de mort...

— Ce sont des artistes...

— Oui, tu les reconnais pas, ils passent à la télé.

Et se tournant vers moi :

— Vous les connaissez ?

— Oui, ce sont des gens qui ont organisé un comité de défense en ma faveur.

Le chef d'escorte renaude encore. Il finit par autoriser mes amis à me parler. Il déverrouille la porte du wagon. Et nous parlons, parlons, dix minutes à bâtons rompus. Nous sommes émus. C'est exceptionnel qu'on puisse ainsi se voir et s'entendre. Helyett est belle... On se brûle des yeux. On a mal. Le haut-parleur annonce le départ. J'embrasse la bonne tête de Charles, Denis, Josianne, Coco... Helyett est autorisée à faire le voyage avec nous jusqu'à Rouen, un geste humain de la part des gendarmes. Il y a encore des brèches au sein de la structure répressive, et aujourd'hui Helyett et mes amis ont réussi à l'envahir pour y glisser de la chaleur humaine. Le train démarre, je sens Helyett tout contre moi malgré les gardes qui sont entre nous et interdisent que nous nous embrassions. Jusqu'à Rouen on se mange des yeux, on se partage... on est plongé dans nous. On se tonifie, se foudroie de forces vives. Avec les gendarmes, la conversation roule, banale. Que répondre à ceux qui justifient tout de l'ordre établi, qui parlent de délinquance, de violence urbaine et qui ne voient pas la misère, l'injustice économique... Eux, ils sont pour la peine de mort. Ils font exception pour moi et Helyett. A leurs yeux on est un couple sympathique, victime du mauvais sort. Il n'y a pas de réalité sociale et politique... les gueux, les migrants... peuvent rester dignes, avoir le sens du devoir, faire confiance à l'Etat. L'impasse s'illustre dans cet échange d'humain à humain, stérile. Nos yeux à tous les deux disent la meurtrissure solitaire dans cet environnement falsifié comme une vitrine.

Mais qu'est-il possible d'espérer en cette fin de siècle maudite, ordonnée contre la sensibilité humaine ? L'émotion, la réalité organique des sens de l'être vivant, peut-elle encore sortir par l'écriture ? La vocation de cette dernière ne serait-elle plus destinée qu'au service des consciences ? La littérature bien-pensante peaufine le scalpel des vibrations sensorielles. Monde glacial où l'hypostase robotique domine, structurant l'écriture anti-démiurge fabriquée, clés en main, à l'usine. Une usine de pensées fonctionnarisées, invasion commerciale sur l'idéologie et l'écrit. Où court la vie ? Que reste-t-il de l'individu en proie aux nouveaux temps infernaux d'un esclavage moderne par un travail d'inutilité publique, à soixante-quatorze pour cent.

Temps de repos, temps de recharge de la batterie humaine, tandis qu'oscille les cadrans de l'aliénation. On ravit à l'individu dès sa naissance, sans vergogne, la propriété de lui-même. S'il manque à l'univers un potentiel créatif, c'est ici qu'il faut s'interroger, là, sur la vie qui n'est plus, sur cette mécanité, ce simulacre de vie... que la victoire des bonheurs anesthésie...

3

« Parlez paix ... et agissez guerre »

« Mouton de naissance, un jour je me suis mis à ruer et me suis aperçu alors qu'il m'était possible de me débarrasser de ma peau de mouton. »

SERGE LIVROZET
(*Hurle*).

La prison, jour par jour, heure par heure et nuit après nuit et jours, c'est l'anéantissement. C'est exister sans printemps, sans saison, sans fleur, l'absence des caresses, de la chaleur de l'amour que l'on se donne dans un lit, des mains qui se nouent au cœur du quotidien, c'est sans partage, sans le rire des enfants, sans les jeux, sans les larmes, sans les impératifs naturels lorsqu'on a besoin d'espace, besoin d'ouvrir une porte, une fenêtre, boire un bol d'air. C'est sans stimulation, sans appel des autres. Sans la vie... C'est exister sans ! Comme des rats.

J'ai déjà écrit un livre sur la prison, précisément sur le Q.H.S. dont le modèle se généralise progressivement à tous les établissements. Je ne veux pas réécrire sur la prison. J'ai le désir d'écrire un livre d'amour. « L'écriture sauve », m'écrivait récemment Claude Mauriac. Je sais qu'il a raison, et j'écris. Et systématiquement, la prison revient dans mes lignes. Alors je laisse faire, même si l'enfermement est intraduisible. On ne peut pas écrire la prison. Rien ne peut rendre cette réalité d'outre-humanité. Mais il faut tenter l'écriture carcérale. Essayer...

On est arrivé à Rouen. J'ai quitté les yeux d'Helyett. Les gendarmes nous ont arrachés. Cette séparation carcérale, tout m'arrache d'elle. Sans elle, noir, c'est noir. J'ai plus les bras, plus les jambes. Tout me manque. Je ne suis que douleur absolue et ravageuse, le corps coupé en deux qui perd son dernier sang se vide. On ne peut ligaturer la moitié d'un être, faire survivre une moitié d'individu... Nos dernières minutes d'amoureux séparés furent comme des gémissements dessinés sur nos traits.

Aimer c'est être toujours bouleversé, et j'aimerais vivre nos bouleversements, notre amour qui se conjugue sur les limites repoussées du verbe aimer. Aimer est d'ailleurs si peu au langage de notre seule sensibilité humaine. J'ai souvent les mains qui te cherchent par-delà les grilles, par-delà les hauts murs. Je dis souvent pour ne pas dire constamment. Si je ne me punis pas moi-même par la douche froide et le blindage, j'en mourrai, j'en crèverai immédiatement de ne pouvoir vivre notre amour, ô mon amour ! Si loin, je te sens si près où tu entres en oasis à l'intérieur de moi. On est la certitude que nous sommes vivants, et interdits de l'être. Ce pays n'est-il plus qu'une cité aux sourires en caoutchouc, du plastique pour peau humaine ? Nous le ressentons ainsi, dans toute sa dimension vertigineuse. On est là vivants et frappés par le désir de vivre. Une réalité quotidienne ou un devenir de cauchemar ? Un oiseau vivant trois ou quatre ans est plus heureux que nous. Mais quand pourrons-nous nous mêler, quand tout ce qui monte de nous et s'éclate en ciel ouvert infiniment infini, dès qu'on se reconnaît, se moule comme un habitat, un partage au bord de ce monde, quand, lorsqu'on voudrait se crier, se serrer encore plus fort sous la peau de notre amour, dans nos yeux étoilés, voraces de naître et renaître sans cesse, dans chaque matin d'un regard qui recommence ? Notre réalité a cela de vrai et d'irréel, elle est frisson permanent d'un état d'âme heureux. Peut-être une authenticité originelle. Nous sommes paysage et monde d'harmonie en ces temps affreux que nous quitterons sans regret, nous le savons... Mais nous voudrions vivre, c'est urgent, nous voudrions nous savourer, lécher notre tendresse tout au fond de nos blessures, nous vivre et ne nous user que de nous être tant aimés. Nous, ma fresque féconde et bleutée au cœur de l'espoir trahi par chaque jour sans lendemain. Cette planète est lourde comme une immense banquise de toutes les blanches mains qui habillent et bottent les pas des assassins. Je ne suis pas cohérent. Il faut malgré moi que j'écrive ce monde qui m'écorche, à brûle-pourpoint... Nous sommes à la fois présents à ce temps et totalement hors de ce monde.

Nous nous sommes rencontrés, nous avons fait co-naissance, un jour au parloir du quartier de haute sécurité de Lisieux. En face de la prison, sur un banc du boulevard résidentiel, Helyett m'écrivait sa première lettre. Elle est venue, la prison à pleine face pour me parler et m'écouter, représentante de mon récent comité de défense. Elle est venue. Instantanément nos yeux ont dit : « Je t'aime ! »

L'amour au premier regard. Ce signe d'amour affolant et indomptable, que j'ai bu, que je bois inlassablement. Un grand penseur révolutionnaire parlait de la nécessité de faire de sa vie un usage passionnant. L'amour d'un être qui se débride et qui se délivre des schémas de suppression et tout ce qu'on a écrit dans sa tête pour son consentement. Comment ne pas rejeter cette acceptation de vivre inconscient, en objet froid de solitude, apparence de corps et silhouette humaine dans le tumulte qui perfectionne l'illusion d'exister ? Histoire et culture, l'ordre établi dans les manuels qui éjaculent le monde de siècle en siècle sur l'habit des mensonges. Le carcan des vérités universelles est aussi ma prison. Après mai 1968, les barricadistes renvoyés au désert de l'idéologie, des différences et de la générosité agonisant encore sous les pavés, sont devenus les témoins de leur temps, les meilleurs écrivains du moment, encore journalistes, encore militants. Réalistes dans ce système où la douleur des négatifs présents, passés et futurs, si aiguë soit-elle, puise maintenant sa forme dans le privilège de l'écriture. Puis est venu le vrai visage de l'Administration pénitentiaire qui a mûri comme un fruit sur l'arbre de l'insécurité, les murs et les C.R.S., les miradors ultra-renforcés et le tout en zoo électronique où seuls les rats, existence aussi ignorée que celle du prisonnier, peuvent vivre leur vie de rats. Et tout ça, à l'inverse du désespoir de Jacques Mesrine, qui a milité contre les Q.H.S., extrémité engendrée par l'Etat moderne, justifiant, étudiant l'inadmissible condition faite aux droits de l'homme au sein de la justice, des prisons, de la police, de l'armée, du chômage. Un devenir dans une force d'institutions qui se recoupent et se totalisent. L'œuvre de Zola est d'aujourd'hui. Elle cogne déjà aux portes du pays. Napoléon disait : « Parlez paix et agissez guerre. »

C'est difficile d'assumer au plus juste ses

propres exigences face à soi-même. C'est difficile d'aimer la vie vraie, celle qui ne porte pas la mort, celle du regard vif même s'il est triste, difficile de ne pas laisser briser la douceur d'être deux. La vie se donne, se prend, s'échange et se traverse de part en part, mais ne se domestique pas. La vie originelle avec des ailes pour aller et venir. C'est comme cela qu'on peut parler d'amour. L'immobilité, c'est l'inverse de l'amour, de la vie, de la souffrance d'aimer, de la joyeuse folie de vivre à plein temps, à plein cœur, à pleine tête offerte au vent qui sème.

L'esclavage inconscient hante les routes, toujours les mêmes, et toujours aux mêmes heures. On raisonne et on parle, un langage, un pluralisme d'idées, d'expressions se reliant, toujours à la base de l'aliénation et de la soumission, sur télécran comme disait George Orwell. Oui, je sais, je n'invente rien. Mais il m'importe. C'est tellement évident, tellement fort et sournois que j'en frémis quotidiennement. Des prisons, après les événements, sont nés des écrivains trempés à l'encre du refus, rescapés d'un front social qui ne dit pas son nom. Trois cents « suicides » en prison ces cinq dernières années, et combien de centaines de grévistes de la faim, de mutilés et d'automutilés ? Combien d'innocents, combien d'injustices ? En cinq ans, cent cinquante bavures et meurtres commis par la police, sur n'importe qui, malfaiteurs ou pas, crimes non condamnés, cautionnés par le maintien de l'Ordre. N'est-ce pas un front de guerre transparent et banalisé ? Face à cela, les cerveaux démunis disent : « Le malheur nous est tombé dessus. » Pauvres déshérités qui êtes les manants de votre vie pillée par les envahisseurs, les spécialistes en décérébration. Je mélange tout. J'arrête. Je ne suis qu'un fils de ramoneur, innocent mais prisonnier. Ce que je pense n'est donc pas acceptable, audible dans la logique des choses courantes. Mais ce n'est pas une raison pour se taire.

Je ne suis pas seul. Serge Livrozet, Pierre Goldman, Alain Dubrieu, Roland Agret, ont ouvert la voie d'une écriture venant du ventre de cette société. Tels les écrivains après 1948, 1968, après 1974 des prisons, ceux qui arment le silence d'un présent rayé, ceux qui restent debout, généreux là où la défaite crache son mutisme ; ses rejets à bout portant. A l'image de la matière il y a comme des créatures à qui l'on pourrait substituer la moelle épinière en guise de cerveau pour articuler leur langue, leurs mouvements. Mécaniques ne soufflant qu'un vent froid, décharné et sec. C'est là qu'il me faut écrire, défier la congélation et ses artisans.

J'espère toujours, toujours ; de ces visages qui portent la mort, les traits pourraient s'animer le jour où ils tenteraient un geste vers ceux qui sont les victimes de leur tragédie. Pour cela je suis debout contre les nuées d'oiseaux de proie qui éliminent ceux qui les gênent, et je m'érige pour sortir de mon ombre.

Le cri qui milite la vie ne meurt jamais, il perce l'ignorance pour n'en plus finir de scintiller dans le ciel. Les poètes sont les piliers et les échos du cri.

Cette phrase est de l'un des plus grands écrivains de l'histoire de ce monde... Et, toujours l'on en parle. Devinez qui est-ce ?

4

Le juge

« Au tribunal. Le juge : Pourquoi avez-vous volé ce cuivre ?

« Le détenu : C'est la misère monsieur le président.

« Le juge : Ce n'est pas une excuse. »

JEAN GENET
(*Journal d'un voleur*).

Avec l'escorte on prit l'ascenseur privé de ces messieurs du palais de justice, direction le deuxième étage pour le cabinet de X..., juge d'instruction. Je suis en grève d'instruction, mais je veux connaître mon nouveau juge, et que le juge me connaisse. Tout est calme dans ce palais. Ce qui bruisse autour de moi n'est qu'apparence. Calme d'un cloître ou d'un cimetière. Brr... Je broie du noir. Je suis derrière l'écran de ma solitude... entre gendarmes... enchaîné et conduit à l'interrogatoire. Seul au milieu de regards que je traverse comme la nuit.

La secrétaire du juge se dirige vers le banc où l'on est assis dans le couloir, face à la porte du cabinet.

— Le juge vous demande d'amener le prisonnier.

On entre, il est là derrière son bureau, il y

a déjà deux policiers avec lui, l'un va se placer devant la fenêtre, l'autre observe du fond de la pièce où il se trouve, derrière le bureau du juge qui lui fait signe de s'asseoir, et l'on s'assoit tous. Les gendarmes prennent soin de m'encadrer. Il fait silence dans cette pièce où il y a six personnes et un accusé. L'avocat se fait attendre. Le juge m'explique qu'il va commencer sans lui, « car, me dit-il, je l'ai régulièrement convoqué comme le réclame le Code. Il n'est pas là, tant pis, l'instruction doit suivre son cours ».

— Vous n'avez rien à ajouter ? me demande-t-il.

— Si, donnez l'ordre à vos gens qu'ils me laissent partir.

Le juge ébauche un sourire comme si je lui avais demandé qu'on déplace une montagne, et puis, il tente de me fixer dans les yeux. Cela a pour effet d'allumer immédiatement mon regard que je plonge outrageusement dans le sien. Il s'incline et déserte mes yeux douloureux. C'est un type jeune qui s'adresse à moi avec une inflexion délicatement nuancée dans la voix...

Au fur et à mesure que j'observais mon jeune juge, son profil vieillissant s'appesantissait. L'issue carriériste d'un magistrat s'enlise dans des discours tourneboulés lors des rentrées judiciaires. Un cénacle qui rutile d'honneur et de décorations de cuistres pour avoir bien servi, avoir été fidèles et tant et tant mordu et blessé le tissu social dans ses couches les plus pauvres. Terrible et puissante justice qui de plus en plus uniformément écrase ; écrase afin qu'un jour, comme les lauriers de César, ce jeune magistrat, faisant ses preuves, soit digne de vêtir la blanche hermine. Mais au prix de quelle infamie... Celle qui n'a compte nulle part, celle voilée et sempiternellement ignorée. Je rêve d'une révolution qui viendrait demander des comptes aux magistrats méchants et sots d'arrivisme. L'innocence des gueux allumerait des geysers lumineux d'espoir et de joie où la seule violence admise serait la fin de cette conception de justice, disons-le : justice de classe, et redisons encore la véracité du rôle judiciaire : soumettre le peuple pour l'intérêt, non vital, de la minorité privilégiée. Cette justice-là est ennemie du peuple. Il est inutile de se venger, de s'identifier à eux. L'incontestable de leur culpabilité suffit.

Face à mon juge d'instruction comme face à cette vérité effrayante d'un présent que magnifie l'avenir encore plus draconien, sous la main de fer de certains juges actuels, représentant ce nouveau Code pénal qui vient briser insidieusement ce qui reste de cerveaux pensants. Mon écriture est alarme. Je la voudrais rempart contre la parole des puissants, qui dans son exercice engendre de plus en plus de détraqués, de désespérés sociaux. Concept d'insécurité inépuisable et pourvoyeur de peur dès qu'il se manifeste en troublante incursion par le fait divers exemplarisé au sommet de l'information. Ses raisons de base qui recouvrent les structures nouvelles de l'économie libérale en deviennent immédiatement occultées. Magie noire électoraliste, on dresse des poteaux géniteurs de mal en pis. Politique de dissuasion ! C'est adroit et à droite un bon politicien d'aujourd'hui et tous les ismes se rejoignent.

... T'inquiète pas mon frère, ils sont plus puissants que jadis les rois, et c'est toi, Mimile du zinc d'estaminet, qui dois porter le chapeau. T'as voté, mec. T'as plus rien à dire. Les capteurs de consensus raisonnent « ta cohérence sociale ». T'as intérêt à être dans les normes. C'est flicard partout ce système et, bah ! je peux parler par anticipation sans trop me mouiller. Le jour où ce manuscrit sera devenu un livre s'il le devient, les prisons seront surencombrées... A moins que... ce putain d'espoir qui te tient toujours en laisse avec ton âme humaine dans le collier d'un chien. Foutre bordel ! J'écris maintenant comme un communard qui brandit ses guenilles. Je laisse tel que... Je laisse ma laisse et chienlit d'existence étranglée, mais que je naisse, nom de Dieu de vingt dieux la Marie !

Ce jeune magistrat, là devant moi, d'apparence peu éloigné de ce terminal, ce consensus qui nous gouverne, avec nos têtes à antennes de petits hommes verts venus d'une planète cybernéticienne. Voilà, il suffit d'être le cerveau de l'Etat dans ta propre tête, pauvre tête malade d'un mode de vie dingue qui crée réellement la maladie.

Hier soir la colère hurlait dans mes tempes lorsque la radio annonça qu'on allait guillotiner un homme, qu'on venait de le condamner à mort. Là... ce jeune magistrat devant moi. « Mais ne fais pas ça.. Non ! et non ! ne fais pas cela, pas ce métier-là ! avais-je envie de lui crier. Mais barre-toi, fais autre chose. Entends-moi, entends mon cri, je suis la survivance d'un être torturé. Là, tes procès-verbaux oui, OUI ! ce sont des couperets de guillotine, des barreaux des grilles, des instruments de désespoir de suicide de solitude de passages à tabac de mise en bière. Relève-toi, regarde-moi, regarde ce qu'ils ont fait de moi et va-t'en ! »

5

L'échafaud

« O peuple, faites finir ceux qui tuent ! Abdique bourreau misérable et auguste populace où l'on entend vagir l'âme encore obscure de la grande humanité future, multitudes, dressez-vous ! accourez ! faites des barricades contre la guillotine, fusillez le supplice, écartelez le gibet, tuez la peine de mort !

« O peuple détrônez l'échafaud. Prends des pavés, prends des fourches, prends des pioches, retrousse ta manche, arrache de partout le poteau patibulaire ! LEVE-TOI SAINTE EMEUTE DE LA VIE CONTRE LA MORT ! »

VICTOR HUGO (1854).

Comment ne pas mettre la passerelle d'une fin de carrière, mon jeune magistrat. J'imagine un visage souterrain de prélat intrigant, et puis l'effigie habillée et parlante du Code pénal. Quelle dure et lourde tristesse. Les hommes de justice sont verrouillés dans leur Code. Vieux routier de la procédure, je le vois bien mon jeune magistrat devenu président d'assises. Il mène les débats et participe aux délibérations. C'est un expert en ruse, en formules anodines qui font mouche. Il s'articule dans le bon ton machiavélique pour obtenir un verdict prévu. Si si, ça se fait. La maestria trône et ses traits s'épaississent, il s'autoconvainc de justice bien rendue. Il annonce le (ah ! cette monstruosité, rien que d'écrire cela, je frissonne)... verdict : « La cour ne vous reconnaît aucune circonstance atténuante et vous condamne à la peine de mort, aux bois de justice où vous périrez la tête tranchée. »

Voilà mon juge...

Au quartier des condamnés à mort, le supplicié en instance est en train d'intérioriser sa mort prochaine. Il compte ses heures, ils comptent ses jours. C'est déjà un mourant bien portant, sans assistance et bloqué dans une cellule avec les fers pour dormir et sortir en promenade. L'épouvante distille la mort chaque jour, chaque seconde, sous la complice surveillance de l'œil humain des matons. Des pères de famille tranquilles : « Dis, papa, fais-moi câlin, j'ai bobo. » C'est un bon père. Celui qui sans honte, parce qu'il obéit aux ordres, fait profession de la criminalité sociale pour nourrir sa famille. Quel dérisoire absurde de cette existence d'homme qui se cisaille lui-même de toute interrogation !

« Mon trésor, t'es sage à l'école ? Fais attention à toi, sinon tu vas encore te faire mal. Bon, allez, il faut que je te laisse. J'ai mon service à prendre... » ... Et sa femme : « Dis, André, après ton travail, en quittant la prison ce soir à sept heures, pense à ramener du fuel. On risque de tomber en carafe... et d'avoir froid, avec la gosse... »

Notre brave homme va passer sept heures au contact d'un homme qui va mourir. Vigile anonyme d'un crime. Sans angoisse ni remords face à un meurtre qui va s'accomplir. Le surveillant a les yeux comme les murs. Le supplicié peut émettre des regards avec des lueurs qui précisent la souffrance comme des larmes et du sang. C'est l'aube des ruptures de la vie, cela n'accroche plus ! Il est seul... avec la mise à mort qui prend son temps. Le surveillant lui ne pense qu'à une chose, ne pas oublier, une fois qu'il aura revêtu sa tenue civile, d'aller chercher le fuel, pour le bien-être tranquille de sa cellule familiale.

Le condamné à mort avait agi à chaud, tel désaxé par rapport à eux qui sont légalement agenceurs de crime, qui le raffinent et en étendent la cruauté au possible. Ils usent le crime sous toutes ses coutures. Ils n'épargnent rien et font durer le plaisir et l'abject. La force d'Etat converge vers le hideux, le sang et le macabre ; la tuerie, la lame du boucher pour humain. Le petit matin qui va naître sur le crime s'impatiente. Ils en ont la joie dissimulée au fond de leurs âmes assassines. Ils ne laissent transparaître que la fonction d'un devoir sacré. Ce sont les gens bien-pensants du crime avec tout ce qu'il a de consensus rapté.

Ces gens-là... de ces crimes-là prennent des airs et des moues de regrets. La fatalité obligatoire devant l'œuvre immonde de cette vérité collective. « Au nom du peuple français », ont dit les maîtres. Ce crime-là est une valeur courageuse. Les magistrats choqués de leur propre inhumanité, à ce moment suprême, déclarèrent lors de l'exécution de Christian R... : « Oh ! que c'est affreux ! » Une fois leur dégoût ravalé, ils dirent gravement : « C'est pénible, mais si c'était à refaire nous le referions. »

« Au nom du peuple. » Mais pas du mien. J'aime mieux être le fusillé que le fusilleur. Je suis en accord avec ma détermination de ne pas être un fils de chien galeux aux mains rouges de sang. Je ne suis né dans la vie que pour être positif. Ceux qui tuent n'ont conscience de rien. Ni d'eux-mêmes ni de leur peau. Il y a les accidentés de la vie et ceux qui calculent l'infamie. Ceux-là n'ont même pas conscience de la sensibilité qui les fait vivre. Ce sont des fauves endimanchés de terreur idéologique et psychologique. La politique opprime et magouille dans le sang. Elle pue. Mais regardez leur face. Ce sont eux les vrais assassins. Foutre merde, que le monde est con et ignoble ! Vous me direz, un guillotiné, en France, de temps en temps, bien sûr avec quelques dizaines de meurtres par bavures. Mais le Chili, l'U.R.S.S., l'Argentine, et le tiers monde ? Cinquante millions de personnes que nos civilisations de pillages et de profit font mourir de faim. N'est-ce pas un meurtre ? N'est-ce pas génocide plus important ? Certes oui... Mais tout est lié selon moi. On ne peut pas séparer. Lorsqu'on allonge un être humain sur l'autel du châtiment et qu'on lui tranche la tête : je hurle ma dissidence et mon corps s'arrache à ce consensus social obscène. Autour de moi à de rares exceptions, car la majorité des prisonniers demeure encore une forme de beaufs-taulards. Comment réagissent-ils ? La radio annonce un verdict de mort. Cela passe inaperçu. On n'est pas concerné. L'ensemble des autres cellules sont sonores de musique new wave. Cette vérité pourrait être la leur. Des encellulés imperturbables et différents envers celui qu'on vient de mettre en cellule de condamné à mort. Réflexion autour de moi à l'atelier lorsque j'en parle : « Putain, cela va être chaud pour nous, de pire en pire, de moins en moins de grâces et nos perms, c'est assurément les dernières... » Voilà comment pense la majorité des détenus d'un centre de détention, la vitrine de la pénitentiaire. Le libéralisme derrière les murs, j'en parlerai plus tard. Un prisonnier m'a dit : « Putain, quand on coupe le cou, cela doit faire une sacrée giclée de sang... »

Le condamné est happé par la pénombre du supplice. Une sorte de solitude doit le capturer, il doit se sentir devenir l'étranger du genre humain. Il est devenu victime par son acte, fût-il abominable. Victime d'être sacrifié sur le béton d'une société qui ne s'assume pas, dont il a pu d'autant moins comprendre la béance, le vide où il s'est dirigé. Un acte dont les raisons lui sont extérieures et occultées. Sa condamnation interdit formellement de faire des recherches, de s'interroger sur le pourquoi. Et pourquoi ? C'est évident, cela nous concerne tous et nous-mêmes, les marchandés de la raison d'Etat, de la raison politique. Mais dès lors, sacrilège ! A l'ère du prêt-à-porter, l'individu doit se mouler au courant des idées dominantes et devenir le copropriétaire d'un champ pour lui sans récolte. Dans cet horizon arrêté, l'homme doit marcher, se situer et se reconnaître, sinon il en deviendra handicapé, étranger. Dans les régimes de l'Est, on parle d'endoctrinement, de totalitarisme... Mais ici, pas question d'aller vers le débroussaillement des motifs réels des actes qui engendrent le pire. Ils sont pourtant le reflet des tares de notre système d'existence. Et toujours la même tornade, la même mise au carreau, le même bazar : l'économie, l'injustice sociale. L'ordre, et pour qu'il se prolonge les critères du passé défunt n'en finissent jamais de renaître. L'agitation des fantômes de la peur. le chantage, le pouvoir homéopathique, la persuasion rassurante à la soumission ; réservoir inépuisable de la négation humaine...

Et le condamné à mort, lorsque jour en sursis après jour en sursis, il se rassure, se sécurise dans l'espoir d'être sauvé, lorsque la vie plus forte que tout a fini sur les bords de son agonie par ressusciter en lui, un matin fatidique ils sont là. Ses tueurs l'arrachent d'un sommeil semi-retrouvé ; trois jours avant le bourreau a été prévenu. Ce paisible employé d'imprimerie qui plaisante
« Vous avez un joli cou »
Ce fonctionnaire qui sait déjà son crime
Qui prépare la guillotine
Qui sait pourquoi il affûte le couperet
Qui met en œuvre l'action du scénario
Les lieux, la machine, sa victime
Les meilleures conditions d'accomplissement
Son inquiétude auprès du directeur
« Est-ce que le condamné prend des tranquillisants ? »
On déroule le tapis pour ne pas faire de bruit
L'aumônier arrive
La cigarette
Le verre de rhum
Les cheveux coupés
Les ciseaux du bourreau

qui découpe le col de la chemise — tranquillement —
Le prisonnier qui hurle
Qui veut sa mère, sa femme, ses enfants
Qui pleure, qui dit non !
Qui réalise tout du monde, de lui-même
Qui jette des cris humains
Procureur et président prennent
Des airs de malaise
Les avocats aiment leur supplicié, ils embrassent
Ils aident le bourreau : « Soyez courageux, mon vieux »
Et leur connerie surenchérit : « Allez, mourez en homme »
Devant les hommes...
L'opérateur bourreau avec ses aides
arrache le prisonnier aux mains des avocats.
L'aumônier prie et appelle Dieu
Le bourreau lie les mains
Et avec ses aides
plaque le corps qui bascule
Plus que quelques secondes
à contempler le fond du panier
toutes ses pensées en cortège
Personne ne peut imaginer
Ne peut s'y voir à cette dernière vision de l'humanité
Sa propre tête sanglante dans le panier
Clac ! Une tête vient d'être tranchée
Ménagère, porteuse de panier

la raison d'Etat peut vous demander un jour
la tête coupée de votre petit au fond de votre panier
... élevez-le bien, très bien
Abruti, conforme et soumis
et faites-le gazelle qui court vite
pour franchir la barrière
Celle du bon côté
Ah ! comme je suis écœuré
Et j'écris
j'écris pour ne pas oublier

Dans la salle de la cour d'assises, mon jeune magistrat aura-t-il vu la mère dont il a fait condamner le fils à mort ? Parle-t-on jamais des mères, des épouses, des enfants, de ceux-là qui aiment le condamné à mort ? La justice marque le pas sur l'ère d'une humanité anthropomorphe. Que connaît-il face à tout cela mon jeune juge ? Rien.

Je n'ai pas cessé de clamer mon innocence, pas arrêté de me battre, de vouloir convaincre, de puiser mes forces comme un obsédé au fond de mon désespoir. J'ai crié, sempiternellement crié, milliers de fois écrit, témoigné et l'indifférence où je reste, cuisant dans ma propre douleur. Condamné à tort et condamné depuis douze ans à toujours revivre intérieurement mon procès ; visite lancinante du drame qui m'habite, perpétuellement perforant comme un cancer. Je suis rongé intérieurement par mon innocence bafouée. Il m'importe qu'enfin l'on veuille m'entendre. Je ne me remettrai jamais de cette erreur. Il est impossible de gommer de ma mémoire ce vécu qui me pétrit en forme de gémissement d'avoir été, innocent, ouvertement crucifié par la cour d'assises de l'Eure. Je suis si loin, exilé de sa race humaine à lui, pour lui faire encore un crédit de bienveillance, trouver la force de le convaincre. Je suis martyr, je ne tiens plus à m'identifier à cette humanité, cette démocratie, cette justice qui ont pu si facilement me torturer tout en sauvant leur apparence. Justice coupable, justice haïssable qui ignore l'erreur judiciaire. Justice absolue, justice d'enfer qui entretient l'imagerie de la perfection, immanente aux intérêts économiques qu'elle sert, aux inégalités qu'elle justifie. L'erreur judiciaire impose à la dignité humaine de se savoir concerné au premier degré ; parce que cela existe au nom de chacun. Parce que, au nom de tous les hommes, un système judiciaire tolère l'erreur. Je vais une fois encore me lever et crier mon innocence, dans ce livre et au cours de mon prochain procès d'assises à venir, après plus de quatre ans de grève d'instruction ; une fois de plus dans la solitude tombale de la prison. Je suis la preuve corporelle d'une infamie sans nom. Je témoigne. Cela me coûte. Je souffre physiquement et cérébralement d'avoir à en parler, de revivre au fond de moi cet abominable procès, ma vie de prisonnier devenue double et triple. Comme si l'homme avait d'instinct cette capacité multiple d'être debout de différentes façons. Ma force et ma vie d'amour au cœur même de ce monde si dur me nourrissent de toute l'estime que certaines personnes me témoignent. C'est pour eux, pour Helyett que je continue à espérer avec tout ce qui en moi est inéluctablement brisé, mais aussi avec toute la fécondité de ma jeunesse qui s'espère encore d'un réveil généreux sur la lumière humaine. Je vais donc entrer dans les faits, re-plaider mon innocence, revenir à cette réalité qui intérieurement me brûle.

Que sait-il donc ce jeune magistrat de la peine de mort, de la prison, des peines de réclusions longues comme des vies humaines sous la terre, dans le noir ? Ces réduits dantesques de l'univers carcéral où le désespoir est la plus forte concentration au mètre carré comme fruit d'une imagination humaine : les bons sévices, la bonne atteinte aux droits de l'homme. Celle qu'on justifie par voie d'ignorance. Tous les responsables qui s'expriment en expert sur le sujet ; de loin. Eux ne portent pas les chaînes, ils ne sont pas derrière les guichets fermés de la pauvreté, victimes des zones d'esclavage aux figures laquées par les illusions de liberté. Mécréants, gueux, manants d'hier et consommateurs de merde bien emballée d'aujourd'hui, plein la gueule d'inutilité publique... Ils appliquent un mode d'existence cancérogène !

... Tandis que l'esprit enluminé des responsables qui se dissertent le nombril s'exerce et théorise toutes les raisons du maître. Les pontes du savoir dès lors agitent le courant des idées qui dominent tant elles sont avant tout celles des dominants... Ces idées façonnent des principes et des décrets et des lois. La matière se traite et la justice traite de tous les secteurs de la société. Elle sait tout et sa charge première consiste à verrouiller, derrière les murs bannis comme sur les bases de toutes évolutions. Les têtes disciplinées de ce beau monde ne dépassent pas lorsque moissonne et fouine un regard vif rejeté de son sein. Foule qui s'écarte sur les passages des nouveaux despotes aux bras chargés de flopées de discours. Fête aux nouveaux rois. Tyrannie sociale qui télé-pense, qui télécommande. Je m'obsède de me répéter. Je suis fou d'écrire, un fou de toutes les bouffées de chaleur humaine qui pourraient se tendre vers moi. Comme Galilée se refusant de nier sa propre vérité. Mais que puis-je contre les mensonges responsables, qui à la radio, qui à la télé, dans les gazettes chantent le blues réjouissant de la justice bien rendue. Ceux qui ne la testent pas sur eux-mêmes... ne subissent pas, que savent-ils ? Que savent-ils dans le tissage de leurs vocables qui n'ont même plus le sens de cette réalité prolifique d'ombres, de soubassements ? Que savent-ils de cette société-là qui n'a même plus la racine de ses mots ? On les entend parler ; « équitable », disent-ils. Un chant du mensonge qui étouffe. Nous ne sommes pour eux que des « taulards » réels ou potentiels. Si ce n'est pas l'usine, c'est la répression policière. Chômage créateur, mais où est donc ta révolte, ta force, ta vie ? Toi qui te syndiques sur l'escarcelle des mangeurs d'hommes, dans les prisons ils écrasent tes frères comme des insectes nuisibles. Les flics emprisonnés à leur tour disent : « J'aurais jamais pu imaginer que la prison était comme ça, dire que j'en ai conduit des types en prison. » Et lorsque militant syndical, tu seras victime d'un maton de la même tendance syndicale, tu comprendras ton ignorance. Mais trop tard. Toujours trop tard... La réforme du Code pénal est une aggravation d'un fascime préexistant au sein de l'appareil judiciaire. Je l'affirme. En direct de ma geôle. La prison d'aujourd'hui est un centre d'essai pour régime social dur. Les résultats des expériences carcérales ont façonné ce nouveau Code et vont l'étendre à la société entière à partir de sa couche la plus miséreuse, le lumpen, comme on dit chichement lorsqu'on est intellectuel. Et vous humanistes... où êtes-vous, vous qui vous prévalez de vous lever là où l'on attente à l'imprescriptible droit de l'Homme... Ici en France, les droits de l'homme sont devenus une effigie entre les mains de tous les corps constitués du pouvoir qui se structurent de plus en plus en véritables milices et polices d'Etat.

La justice est bien à l'image de la guillotine, une lame qui tranche à vif dans le tissu social ; l'instrument sophistiqué du clivage par excellence. Le vœu d'un peuple aux mains des corrompus.

Depuis douze ans, cher jeune magistrat, je suis victime de vous et donc prolixe à vous accuser sans circonstance atténuante. Je doute que le pire des meurtriers, s'il lui était donné de pouvoir ressusciter sa victime, n'ait pas au bout d'un moment le remords de réparer son geste commis à chaud. C'est sûr qu'il le ferait. Je les connais, depuis le temps que je suis avec eux en prison. Ce sont des êtres humains, peut-être défaillants à un moment. Mais humains. Le pire n'est pas la durée maximale de leur existence mais vous, juges ! Vous qui ne les avez plus regardés comme des hommes regardent des hommes. Vous à qui je m'adresse depuis douze ans, moi innocent, moi accusé hypothétique, moi condamné à quinze ans de supplice pour un vol que je n'ai pas commis, moi qui n'ai tué personne... pas même payé des impôts pour qu'on guillotine en mon nom. Oui, depuis douze ans m'entendez-vous ? Non. Toujours non ! Vous êtes incurables de votre crime et vous n'avez plus alors aucune excuse envers moi. A ce moment-là, je souhaite vous démettre de votre moralité, vous neutraliser, vous destituer de votre pouvoir honteux, vous priver de vos lois qui permettent l'erreur judiciaire et sans aucune hésitation vous enfermer, je serai aussi imbécile et fasciste que vous. Je veux que vous sachiez de quelle pratique vous vous nourrissez. Et seulement lorsque vous comprendrez, lorsque vous regretterez, lorsque humainement vous vous adresserez à mon cœur, lorsque vous vous engagerez dans la certitude de ne plus jamais séquestrer les êtres ; lorsque vous chercherez enfin le partage social, la compréhension, l'harmonie de l'intelligence humaine, oui, je vous gracierai. Vous pourrez m'insulter, me traiter de salaud, de sale emprisonneur, vous aurez raison. Et si vous pouvez me parler par les voies de la lutte démocratique, par l'écriture ou autrement, les larmes au corps... simplement, je serai ému, bouleversé face aux êtres que j'aime, je me sentirai bâtard, monstre humain, d'avoir été un enfermeur, un ignorant, un prétentieux. J'aurai honte d'avoir été un pourvoyeur de prison. Putain de moi, fossoyeur de l'intelligence humaine, garde des antiques fondations de l'oppression à l'image des nouveaux technocrates détourneurs de liberté. Honte sur moi, honte face à ma simple prétention de Faculté d'individu... O juges, comme j'aimerais que mon calvaire d'innocence m'aide à ne pas désespérer de vous ; que vous m'entendiez... ne dormiez plus si sereinement après m'avoir lu, entendu...

Il est tard, je suis fatigué. A Melun, je subis la prison et les mêmes cycles d'aliénation par le travail que quiconque à l'extérieur. C'est la prison plus l'usine. Après huit ans de cellules fortifiées ; de quartier de haute sécurité, je dois me taire tant c'est pire partout ailleurs. Le durcissement s'intensifie sur tout l'univers pénitentiaire, y compris à Melun, dans cet établissement qui perd petit à petit son orientation moins inhumaine.

Il est donc tard, je vais me coucher, seul dans mon lit froid, mon sommeil abîmé par les rondes ; demain, le boulot. Si je ne suis pas à l'atelier, risque de rapport, de prétoire disciplinaire, de transfert. Si je ne suis pas en forme pour faire mon travail, la multiplicité des menaces est lourde, écrasante. C'est infernal la prison...

J'ai vu Helyett cet après-midi. Je me découvre, je suis émerveillé d'être amoureux. Cela, depuis deux ans... Je tremble, pourvu qu'il ne lui arrive rien. C'est fou comme nous sommes toujours bouleversés, comme elle est douce et belle rebelle contre la mort... paysage humain de nouveau monde. Je suis amoureux fou archidélié. Et c'est rassurant, je pourrai encore vivre malgré ce qu'ils m'ont fait... Et vivre avec elle, intensité d'une étoile sous un ciel noir qui se lève dans la chaleur d'un soleil humain. En écrivant ce livre, pour toi et moi, ce soir j'espère. Je t'aime. Pensez à nous lecteurs, bonsoir mes juges de l'infamie !

6

L'interrogatoire

« ... Je ne crois pas qu'il y ait jamais eu vertige pareil à celui des prisons, et vous croyez que je pardonnerai à ceux qui ont imaginé cette espèce de supplice-là... »

MARQUIS DE SADE (1779).

— Je vous ai fait venir devant moi, me dit le juge, pour vous informer que dorénavant c'est moi qui suis chargé de votre dossier. Ce dernier ouvert depuis trois ans, trois ans durant lesquels vous poursuivez une grève de l'instruction, votre attitude n'est pas arrangeante pour les magistrats chargés d'instruire. Je vais être obligé de renvoyer le dossier en l'état devant la chambre de mise en accusation. Une nouvelle fois, monsieur Knobelspiess, je vous le demande, êtes-vous prêt à vous expliquer sur les faits qui vous sont reprochés ?

— Mais absolument, je suis prêt à m'expliquer et collaborer avec la justice dans la mesure où elle instruira à double degré à charge et à décharge. Qu'on me règle cette incalculable facture de DOUZE ANNEES D'ERREUR JUDICIAIRE, que l'on fasse venir devant moi les auteurs de cette erreur, que l'on fasse la lumière sur la façon dont elle a pu avoir lieu, sur les trafics d'influence greffés à cette affaire suite à l'assassinat de mon frère Jean. C'est inséparable des motifs qui m'amènent ici. Je vous précise qu'il ne s'agit pas de mon affaire mais de la vôtre. Je suis la conséquence d'une erreur judiciaire doublement abominable puisqu'elle a été délibérément voulue pour sauver un honnête meurtrier. Une conjoncture politique locale qui, à travers les instigateurs de la « légitime défense », alors même que les conditions de cette dernière sont usurpées, comme dans l'assassinat de mon frère, valorise le meurtre et défend l'excès de propriété à l'étalage face à la misère. La vie d'un chômeur ne vaut rien ; telle est la moralité sociale entretenue ces dernières années. Le meurtre de mon frère eut lieu dans les préliminaires de cette moralité qui légalisera l'état de tueur. A l'époque, la vie en France avait encore un sens... Ce fut difficile pour les amis du meurtrier de sortir de leur boue. J'étais à point nommé en prison, et dès lors il ne fut plus question que je sois innocent. On n'entendit que la vindicte organisée, mouvement d'opinion instigué par tous les notables locaux qui firent campagne pour soutenir l'assassin de mon frère. On me fit coupable et épouvantail. Vous connaissez le refrain, « famille de mauvaise réputation... le frère de Jean en prison ». J'étais prévenu, j'attendais sans désespérer un jugement. Je fus l'intermédiaire et rien ne rime mieux que casier judiciaire avec erreur judiciaire... Excusez-moi, monsieur le juge, d'être si long dans mon explication, mais je veux que la justice soit rendue, je fais cette grève d'instruction dans l'intérêt même de celle-ci. Je suis victime et je réclame que cette affaire inique soit mise à nu le jour de mon nouveau procès, qu'on entende le meurtrier de mon frère, les commerçants qui l'ont protégé, que l'on recherche les journaux de l'époque qui jouèrent un rôle important puisqu'ils furent acquis à la cause du meurtrier et qu'ils publièrent des mensonges sur moi et ma famille, qu'ils lancèrent des pétitions, convièrent à des réunions jusque dans les locaux de la mairie de Beaumont-le-Roger. Ce soutien au meurtrier qui, précisons-le, ne fit pas une seule heure de prison. Quant à moi, qui n'ai tué personne, cela fait douze ans que j'y croupis. On évoque la justice devant moi. On ose soutenir mon regard. Mais sait-on qu'elle n'est qu'un mot qui ne fait plus pour moi autre chose que le cliquetis des chaînes, des verrous sur les langues. Non, monsieur, ce n'est pas cela la justice... Je suis en grève d'instruction, en acte ultime pour la manifestation de la vérité, je n'ai plus que ce silence en termes de dialogue à vous faire entendre. Le premier dossier a été saboté parce qu'on nous savait pauvres et démunis, que les avocats d'alors furent d'une grande complaisance déontologique. Je fus devant mes juges un jeune homme inexpérimenté, alourdi, vulnérable par mon sous-prolétariat atavique. Seul, face à une justice sous pression. Il n'y a pas de précédent d'un si impitoyable arbitraire : quinze ans pour être le supposé voleur de huit cents francs. Une peine assommoir qui plaide d'elle-même... Vous comprenez, monsieur le juge... Je vous remercie de m'avoir laissé m'exprimer ainsi d'un seul trait. Si vous voulez en prendre note pour le procès-verbal...

— Bien sûr, je vais prendre un résumé de votre déclaration, mais la justice s'informe des explications sur des faits précis qui vous sont reprochés, vous êtes largement inculpé d'autre chose qui vous concerne présentement. Pour ce qui est de votre discours de défense, on ne peut aller contre l'autorité de la chose jugée. Il faut un fait nouveau, vous avez la possibilité d'une requête en révision, il est dommage que vous refusiez de vous expliquer devant moi, cela peut être lourd de conséquences pour vous. Je vous mets en garde...

— Mais je viens de m'expliquer...

— Non, vous faites la grève, vous bloquez l'instruction, vous empêchez le fonctionnement normal de la justice, et puis pensez à vos co-inculpés, qui sont toujours en détention...

— Mais, que voulez-vous dire ? Vous, Justice, vous m'avez acculé dans une impasse, une situation sans issue où je me suis battu seul des années et des années, où j'ai fait trois requêtes en révision dont l'une a été transmise favorablement à la chancellerie par l'avocat général du procès après s'être lui-même désavoué de son réquisitoire, et je l'estime pour ce courage, cette rare conscience de juge. Vous devez comprendre que, continuant à ne pas être reconnu innocent, mais confronté en permanence à la vindicte pénitentiaire, je n'ai pas eu d'autre choix que de m'évader... au bout de quarante-huit heures de permission... c'est un illégalisme où je fus acculé, contraint par les honnêtes gens pas solidaires et d'autant moins secourables lorsqu'on est un homme en fuite. Les seules personnes à m'aider n'étaient pas honnêtes au sens de votre morale, votre société, mais elles me furent solidaires de chaleur humaine. Rien ne prouve que je suis ce que vous fabriquez de moi : un récidiviste. Sachez, avant de me reprocher d'empêcher le fonctionnement de la justice et peut-être de contribuer au maintien de ces personnes en détention, que... c'est vous qui les avez emprisonnées. Les mandats de dépôt, la liberté provisoire, c'est vous qui décernez cela ! Il est vrai que l'erreur judiciaire concerne la justice normande... Je conçois qu'elle se fait pesante à vos consciences et qu'il y va de votre intérêt de me noicir le plus possible. Vous l'avez tous fait sans exception depuis trois ans. Cependant, je suis prêt à m'expliquer globalement devant vous, je suis prêt à assumer ma part de responsabilité car c'est vrai, pour autant, j'admets ne pas être innocent aujourd'hui, dans ce nouveau dossier. Mais qui est responsable ? Si vous saviez ma vie en prison durant près de dix ans de résistance solitaire... les lames de rasoir que j'ai avalées pour protester... les grèves de la faim qu'inutilement j'ai faites (plus d'un an au total). Combien de fois me suis-je coupé les veines et la gorge... Regardez mes bras, mon cou... Oui, j'ai voulu mourir... Pour vous fuir... Mes gestes de désespoir ont vos mains sur les miennes. Vos seules mains en coupe assassine. Ma délinquance d'évadé, c'est vous... Vous seul ! Savez-vous le nombre de lettres que j'ai envoyées au président de la République, qui ne daigna jamais me répondre ? Lettres à tant d'élus politiques qui ne m'aidèrent pas, à l'exception du député de ma région natale qui tenta d'intervenir lorsque M. Lecanuet était ministre de la Justice. Ce dernier refusa ma requête en révision. J'ai gardé les lettres de la chancellerie qui signent la responsabilité de mon désespoir. J'ai écrit comment les murs des prisons étouffent, pacifient les cris, la révolte de l'injustice, le mitard, les mois d'isolement, les années, les jours s'ajoutant indéfiniment aux années de Q.H.S. parce que le prisonnier innocent n'accepte pas sa peine. Le savez-vous ? Durant ce temps, vous juges, vous êtes placides. On ne sait pas à l'extérieur mesurer ce dont vous êtes capables. Vous êtes considérés comme des prêtres officiant. Quand j'aurai eu gain de cause, car je gagnerai, l'opinion lèvera les yeux sur ma vie de martyr judiciaire en disant : « L'erreur judiciaire est humaine. » Pour douze années de rapt, de prise d'un homme en otage de sa vie ; dites-moi ce que la justice prévoit de sanction à son encontre. Rien... la justice ne se punit pas !

Le juge :

— Mais cessez votre discours. Je vous interromps, le procureur Bergeron m'a dit que vous teniez des propos marxistes. La justice ne s'en prend pas à vous, monsieur Knobelspiess, nous devons protéger la société. C'est pourquoi l'enfermement est nécessaire pour des gens comme vous. De plus on vous donne la possibilité de vous défendre, de vous expliquer et vous refusez. Vous avez des avocats, laissez-les agir.

— Moi aussi je vous interromps. Le procureur Bergeron, c'est l'homme qui a donné un non-lieu au meurtrier de mon frère, instruisant dans le même temps le dossier d'assises contre moi en 1971.

Le juge :

— Je vous écoute, mais nous sortons complètement du cadre de l'instruction dont je m'occupe, écrivez-moi si vous voulez, je joindrai au dossier, mais je ne peux pas prendre la totalité de ce que vous me racontez. On vous a donné une permission, on vous a fait confiance et vous n'êtes pas rentré, vous n'êtes pas innocent. Ce n'est pas étonnant que vous ayez été si sévèrement puni, vous tenez des propos qui indisposent. C'est VOUS qu'on juge... Pas nous... Nous, les responsables de la loi, nous les sentinelles de l'ordre et du bien-être social.

Il poursuivit :

— Les lois ne sont que le prolongement d'une culture, d'un mode de vie, du bon sens populaire qui font la force et la morale de cette société, elle dit qu'on ne doit pas enfreindre les lois. Si vous aviez étudié le droit vous le sauriez. Il vous est reproché d'avoir fait cela dans des circonstances graves qui sont celles de la récidive. Vous aurez beau vous débattre, faire tout ce que vous voudrez, vous serez jugé et vous n'échapperez pas à votre châtiment.

— Je ne suis pas récidiviste, je suis innocent. Enfermer un innocent, n'est-ce pas là d'une gravité indéfinissable, plus lourde que le crime du fait que vous en êtes impunissable... ?

Le juge :

— La justice ne peut pas revenir contre l'autorité de la chose jugée. L'avocat général a agi au-delà de sa responsabilité en vous faisant cette faveur. Les magistrats qui témoignent un intérêt humanitaire aux prisonniers ont toujours à s'en mordre les doigts. Les gens comme vous ne sont animés que par des mauvais sentiments pour tenter de prendre bonne place au détriment d'autrui.

J'ai parlé longtemps, lourd de ne pas m'entendre résonner dans les oreilles du juge. Je suis innocent et c'est un crime. Je peux le prouver !

Le juge :

— Je ne suis pas la Cour de cassation.

— Il y a treize ans qu'aucune révision de procès n'a été accordée dans ce pays en dépit de tous les innocents qui défraient la chronique judiciaire.

Le juge :

— C'est un système de défense primaire de s'affirmer innocent. On est blindé contre ça. Vous agissez pour donner une mauvaise image de la justice, encourager dans la presse les contestataires, appâter le public. Vous êtes un enquiquineur en prison. Apparemment, c'est positif la prison pour vous. Vous vous exprimez avec un bon bagout.

Vous avez eu le temps de réfléchir et d'apprendre.

— Mon bagout... Je suis un homme qui reste debout... J'écris aussi et vous m'inspirez à écrire... Ce que j'exprime sont les salves de douleur du fond d'une vie épuisée d'agonie.

Le juge :

— Vos lettres sont pleines de fautes d'orthographe.

— Je ne suis pas un apprenti en grammaire. J'ai appris à écrire comme un naufragé apprend à nager. Quand je regarde mes fautes cela m'amuse. Je ne suis pas le premier, Stendhal protégeait les siennes et s'en amusait. Je trempe ma plume à l'intérieur de ma douleur, ma voix et mes larmes. Je portais mes larmes au bord de moi devant les juges du tribunal, le 5 mai 1980, ici à Rouen... Ils n'ont rien vu ni entendu ; ils ont continué à s'acharner. Jugé pendant ma grève d'instruction, comme pour me tester avant de me faire comparaître aux assises. La salle était comble. Le peuple dont votre prétention se revendique était là, dans cette salle, en ma faveur. J'ai pris le maximum. Mon livre fut neutralisé par l'indifférence de mes juges et n'attisa que leur détermination à m'enfoncer dans ce calvaire : trois ans de plus... Le fascisme outillé de la surdité magistrale surgit de ses cendres et reprend vie sous votre robe...

sachez que je souhaiterais vraiment pouvoir être démenti. J'en serais le premier soulagé. La façon dont je suis persécuté, torturé au goutte-à-goutte de l'intemporel par mode d'erreur judiciaire est significative d'une justice qui dans le passé aida Hitler à massacrer les Juifs. Aucun juge ne fut jamais pour autant inquiété... Il en est de même de ceux-là qui jugent encore. Aujourd'hui, je comprends de quel héritage vous pratiquez l'éthique sociale et culturelle. Que les facultés de droit servent de siège aux mouvements d'extrême droite émane de cette évidence historique.

Le juge :

— Bon, ça suffit, si vous parlez comme ça aux assises, vous allez comprendre...

(Langage de sourds.)

Oui, je dirai.

Le juge :

— Vous signez votre déclaration : « refuse de s'expliquer » ?

— Oui, si vous précisez que je suis en grève, que je demande la révision de mon procès et que, pour ce faire, je n'ai pas d'autre recours.

Ayant pris note d'une partie de mes propos, il se tourna vers sa secrétaire, et dicta à sa manière. Il inscrivit néanmoins l'essentiel de ce que je parvins à lui faire comprendre. Je signai et, se levant, il articula :

— Garde, emmenez le prisonnier !

Cela avait déjà été prononcé par le président des assises lorsque le verdict tomba horriblement dans ma vie : quinze ans ! Ma mère s'agrippait en larmes au box pour m'embrasser. Il était 23 h 15 ce samedi 4 mars 1972. L'affaire avait été expédiée en un après-midi.

« Gardes, emmenez le condamné ! » Aujourd'hui, je suis condamné et prévenu. Je serai peut-être irrémédiablement crucifié et cette fois avec la rouille des premiers clous sur la surdité des boiseries. A moins que l'opinion publique ne réagisse...

7

Le procès

« Dans le doute, il vaut mieux se hasarder à sauver dix coupables plutôt que de condamner un innocent. »

VOLTAIRE.

Un matin... ils sont venus dans la cellule : « Voilà vos vêtements et de quoi vous raser. Dépêchez-vous, les gendarmes du palais vous attendent au greffe. » Les gardes devaient m'escorter inexorablement jusqu'au box de la cour d'assises d'Evreux. Ce 4 mars 1972...

J'allais être extirpé des oubliettes, devenir visible et public pour une journée... Mon apparence propre, d'un semblant restitué, ne devait pas laisser voir l'envasement carcéral, trois années de ténèbres sous l'édifice du monde. L'ignoble sévice sur mon existence tranchée... que l'on ignore au nom de la « sérénité » de la justice refusant de signifier et nommer son identité : une torture ! Etouffée par l'existence impuissante de ceux qu'elle muselle ; seuls, derrière les murs, aux confins d'une vie réduite, le fond des souterrains du temps. La trappe refermée. Dans leur optique, il s'agit seulement de « retrait de la société », de « mise hors d'état de nuire », selon leurs formules consacrées. Mais c'est en pratique l'exacerbation d'une souffrance continue pour le prisonnier dont la vie se décapite prématurément. Il y a toute l'ampleur d'un supplice brutal infligé sous d'inqualifiables doses diluées, que l'on n'ose jamais nommer pour ne pas tacher les propos avertis de prétentions responsables sur les droits de l'homme.

Là, au cœur de ma souffrance silencieuse, je porte mes plaies rouillées, enserrées sans répit dans cette boîte de béton et de fer. En prison en ce pays, où on est englouti. Et un jour ils nous jugent comme des innocents qu'ils sont et vous disent : « Expliquez à la cour, ne soyez pas agressif, votre avocat est là pour vous défendre. » Votre voix mortifiée, votre colère, votre pensée incohérente, vos maladresses d'acteur impropre à jouer le rôle du drame face à ces spécialistes judiciaires véritables comédiens, eux, du tissu social. Comment est-ce qu'ils vous entendent ? Mais ils vous interprètent... Les jurés siègent pour juger un coupable, ils vont scruter vos défaillances. Seul l'accusé est sur la sellette. La mise en scène sentencieuse se charge d'un décor de cérémonie où le profil de la prison est purifié par occultation. Le rappel à sa réalité infamante outrage les juges et discrédite leur sérénité. La justice siège, invitant ses accusés à collaborer avec sa blanche conscience, pontifiante... Les avocats coutumiers diligemment encouragent le déroulement scénique avec complaisance, figeant le rôle de l'accusé, saisi par le ghetto des menaces alambiquées : « Dites " monsieur le président " et surtout n'indisposez pas la cour... malheureux ! »

Il y avait un soleil printanier qui blessait mes yeux inhabitués à la lumière naturelle. Cela me faisait mal au crâne. Devant le palais de justice une foule de gens impatients telles les tricoteuses au pied des guillotines. Ils s'écartèrent pour livrer passage aux gardes et à l'accusé entravé, honnêtes citoyens convergeant leurs regards sur moi. On me fit monter les marches du palais sous cette pesante menace. A l'intérieur, le carrelage du hall resplendissait de propreté. Les magistrats et avocats en robe noire allaient et venaient au carrefour des couloirs et des portes. Pressés et tranquilles. Impassibles visages de cire dissimulant parfaitement l'impatiente fébrilité d'une session d'assises au cœur de la petite ville. Rupture événementielle ravigorante dans leur cadre de lassitude ouatée. Univers morbide d'un ordre procédurier sur les tapis de la conscience. Le choc et le fossé pour moi. La terre ferme n'était plus sous mes pieds... et ne cessa jamais plus de se dérober. Lorsque je me retrouve dans ces lieux, je suis envahi immédiatement par cet effroi de fatalité d'un supplicié en prise directe avec ses bourreaux... depuis plus d'une décennie.

Un greffier vêtu d'une robe noire se dépêcha vers l'escorte : « Par ici, messieurs. » Il conduisit les gendarmes vers un réduit où l'on m'enferma. Je pus fumer une cigarette et attendis assis près d'une heure, emmenotté et sous leur surveillance sans pouvoir bouger. A 10 heures, sans un mot, les gendarmes me tirèrent par les chaînes et je les suivis docilement, sans autre réaction. On fit quelques pas, une porte fut ouverte. J'étais dans la salle des assises, littéralement projeté. Calé sur le banc des accusés, mes yeux n'en finirent pas d'aller et venir dans cette salle. Une salle comble. La sonnette retentit, immédiatement accompagnée de la voix forte d'un greffier : « La cour. » Les gendarmes m'ordonnèrent de me lever. Le président, la cinquantaine, enveloppé dans sa robe rouge flamboyant, l'expression du visage serrée, fit l'entrée. Il s'assit avec ses assesseurs et procéda à l'appel des jurés. Mon avocat intervint d'une voix à la courtoisie à peine servile, bien exercée à la flagornerie. Déférence maintes fois soumise, apte et propice à défendre un innocent...

— Maître... ?

— Monsieur le président, mon confrère et moi-même avons décidé de renoncer aux récusations. Nous faisons confiance à la cour...

— Bien.

Monsieur... puis monsieur... Au nombre de neuf, il s'arrêta. La composition du jury fut rapidement classée. Mon avocat ne me consultait pas. Les accusés sont généralement ce que l'on attend d'eux, obéissants et déférents tant ils sont impressionnés. Je réalisai sans pouvoir la nommer cette prise en main exercée impérativement sur moi par mon dévoué défenseur. Le président invita l'huissier à lire publiquement l'acte d'accusation. Représentation de comédiens de la vie sociale. Il n'y eut plus que les intonations sépulcrales d'un employé de justice en robe noire s'élançant comme un glaive sur une littérature ramassée. Articulation de voix tendue aux modulations accusatrices ponctuées en haussements de regards entraînant vers moi ceux du public. Climat sourd, tassé. Ma jeunesse inculte et ma condition sociale de sous-homme m'offraient vulnérable et pourtant ma fierté naïve osait s'affronter à tous ces yeux. J'ai suivi cette lecture la moue renfrognée et négative. Je regardais avec une violence contenue fixée et accusant toutes les parcelles d'hostilité ambiante. J'étais seul. De l'acuité de ce sentiment découla mon écrasement. Je ne saisissais pas l'impact de ce procès, que voulait cette foule, qui étaient tous ces gens ? Pourquoi semblaient-ils avides de mépris et de ressentiment envers moi ? Plus tard, je le sus. Ils étaient une majorité de commerçants et cela m'expliqua par la suite les apparitions du meurtrier de Jean qui voulait suivre les débats. La peur et l'inquiétude me glacèrent lorsque je vis le rapport entre les jurés et la salle, certains communiquaient des sourires aux jurés... Je parle précisément. Ma mère raconta que le voisin[1] d'un des jurés figurant sur la liste était venu la trouver la veille du procès pour la prévenir de s'attendre à ma condamnation et à une lourde peine. Elle ne le crut pas et continua à préparer sa maison pour mon retour...

L'avocat général, moustache finement taillée, avait un visage neutre au regard froid et incisif. On fit la lecture du *curriculum vitae* et il dit :

— Messieurs les jurés, je ne veux pas m'attarder longtemps sur le casier judiciaire de l'accusé ; notez qu'il est un véritable récidiviste. Knobelspiess, qui se pré-

1. Un certain Rémy Garbonnier. Hélas ! décédé depuis.

tend innocent, n'a sûrement pas envie de vous dire, avec son casier judiciaire, que la justice s'est constamment abusée sur son compte... Vous apprécierez, messieurs !

Le président :

— Maître, vous voulez intervenir ?

— Pas maintenant.

Le président :

— Messieurs les jurés, des questions ?

Silence passif. L'audience se poursuivit. Le président m'interrogea sur mon enfance, ma famille, et je quittai alors brusquement ma torpeur muette, ma prostration. Sensation panique ; je me suis relevé d'une pleine charge d'agressivité avec des cris et l'incohérence bredouillée. Sûrement un plongeon au fond du piège que mon ignorance et mon effroi ne me laissaient pas percevoir, et je me mis à parler selon mes moyens.

— Mais de quel droit me jugez-vous ? Je suis innocent, INNOCENT !

Je vis sourire des jurés.

— OUI, je suis INNOCENT ; cela fait trois ans qu'on me fait injustement crever en prison, vous êtes mauvais, vous profitez de ma misère et de mes déboires pour me salir, me ficeler pour me jeter, me cracher de la société. Je vous le demande, vous qui protégez l'assassin de mon frère, de quel droit me jugez-vous ? Je suis INNOCENT, INNOCENT... Entendez-moi INNOCENT, l'acte d'accusation n'est qu'un tissu de mensonges, vous avez mis dix-huit mois pour vérifier mon alibi et bien d'autres irrégularités encore, ce dossier est incomplet, voire totalement tronqué. La preuve de mon INNOCENCE figure incontestablement dans les dossiers afférents à cette histoire et qui... OUI... mystérieusement ne sont pas joints aux débats contradictoires de la cour. On les a bloqués à Rouen ! Et puis tous ces gens qui se connaissent entre eux apparemment, et qui me jugent, mais qu'est-ce que cela veut dire... MAIS DITES-MOI ! De quel droit ce procès CESARIEN ? Je suis seul contre vous tous, cette salle malsaine, et en plus vous avez le droit pour vous et surtout celui de détourner à votre avantage... (« Taisez-vous, mais arrêtez, ARRÊTEZ », ne cessait de me dire le plaideur qui me tirait par la manche.) Pour un supposé vol de huit cents francs, cela fait trois ans que je croupis, INNOCENT, dans un pourrissoir, une décharge pour déchets humains qu'est la maison d'arrêt d'Evreux. Vous êtes des bêtes... Je suis INNOCENT... INNOCENT ! Là, dans votre arène. Vous êtes la complaisance meurtrière ; lui, l'assassin de mon frère, que ne comparaît-il pas, que fait-il dans cette salle ?

Les yeux de la foule se tendait vers moi, surprise et dressée.

Le président :

— Je vous interromps, vous ne devez pas transformer le procès en tribune, on juge uniquement des faits qui vous sont reprochés. Votre frère a été mortellement blessé alors qu'il commettait un vol et vous-même, vous êtes accusé d'une agression par votre co-inculpé. Il est inadmissible que vous usiez d'agressivité et discréditiez la justice sous forme de procès d'intention, envers une cour qui ne s'est pas encore prononcée. Je vous demande de cesser votre insolence envers des personnes honorables et respectées... ce qui n'est pas votre cas.

— Il y a une victime tragique dans la famille Knobelspiess, n'en faites pas une deuxième avec moi. Trois années de captivité à tort, c'est déjà un crime irréversible, et si ce n'est pas une abomination judiciaire, de quoi s'agit-il ? C'est cela le déshonneur ; la place que vous occupez... face à un innocent !

L'avocat intervint vivement :

— Knobelspiess vos propos sont intolérables, ce que vous dites ne manquera pas de se retourner contre vous. Si vous voulez créer des incidents, vous allez me trouver. Monsieur le président, qu'il vous plaise de poursuivre le cours de ce procès.

Je me suis fait traiter d'imbécile par mon avocat et son collaborateur. Le meurtrier de mon frère n'était plus dans la salle. Les jurés et la foule m'observent avec une transparente défiance. Le jury détient la sanction. Je me sentais perdu et violemment envahi de paralysie, de peur. La cour examina les faits.

On fit venir le pompiste agressé.

— Je le reconnais, c'est lui. Oui, formellement, monsieur le président.

Cet homme a été incapable de me reconnaître sur photos juste après l'agression. Il a déclaré qu'il faisait nuit et qu'il lui serait impossible de reconnaître son voleur, ni celui qui a tiré par terre pour lui faire peur. Une fois il a déclaré que l'homme a sorti un revolver de la boîte à gants de la voiture, une autre fois que l'homme avait sorti cette arme de sa poche de pantalon. Ce qu'affirmait le pompiste n'était pas évident et le président n'insista pas sur ce point ni sur le fait que le pompiste m'accusa au cours d'une confrontation un an après les faits, où je fus présenté « seul », et après avoir rencontré les témoins dans le couloir d'attente, menotté entre les gendarmes[1]. Et encore, le pompiste déclara avoir été agressé par deux hommes armés. Mais à l'audience, il n'y avait plus qu'un seul homme armé, moi ! Avant que tout déferle en vague d'ignominie contre moi, que l'on

1. Voir Roger Knobelspiess, *Q.H.S.*, première partie, Éditions Stock.

pétitionne comme pour me lyncher et me crucifier ; avant, lorsque Jean était encore vivant et que je pestais contre ce salopard de co-inculpé qui m'impliquait mensongèrement pour protéger son vrai complice et faire d'une pierre deux coups, parce qu'il se vengeait d'un différend à propos d'une femme, mon frère alors, m'avait informé que le frère de ce pseudo-comparse avait fait son service militaire avec le garagiste agressé, qui le déchargerait au maximum. J'allais être doublement pris au piège. « T'inquiète, m'avait dit Jeannot, dès que je peux, je vais faire un saut voir ce pompiste, je vais m'occuper de ça sérieusement. » J'aurais presque ri de leur cabale de justice parce que je ne croyais pas à l'erreur judiciaire. Je ne croyais pas que l'implacable rigueur de la justice pouvait glisser ainsi loin de toute perfection dans l'immobilité de sa forme catégorique. Mais comment imaginer... tandis que le juge d'instruction en présence de mon premier avocat commis d'office m'avait rassuré en disant qu'il envisageait un non-lieu en ma faveur ? J'étais grandissimement con mais alors totalement l'archétype de tous les beaufs de Cabu. Après la mort de Jean, tout a basculé et j'ai ouvert les yeux sur le front de l'abîme majuscule.

Les faits furent traités à l'audience face au public massif et silencieux. Présence sourde et diffuse de tous ces gens remuant manifestement lorsque le président ou l'avocat général cherchaient minutieusement une formule logique convergente au tissage de la culpabilité. Ainsi par deux fois on fit répéter le rapport de l'expert psychiatre :

— Voulez-vous repréciser à la cour votre sentiment sur la dangerosité de l'accusé ?

— C'est un déséquilibré affectif aux tendances antisociales... Sa dangerosité criminogène semble incurable. Il ne souffre d'aucune anomalie mentale. Il est donc accessible à une sanction pénale...

Dans son réquisitoire, l'avocat général s'arma de l'expertise plus que des faits. C'est ainsi qu'il s'envola d'une voix claire sur ma dangerosité incurable établie par un spécialiste. Il frappait juste et fort sur le frère d'une crapule abattue à bon droit. Il parlait « de mon bavardage sur un ton solennel ». L'avocat général se dressait en rempart averti contre un accusé qui ne cessait d'affirmer et protester de son innocence. Le public buvait son lyrisme macabre. Je reviendrai sur la conclusion de ce réquisitoire, saga superbe selon le classicisme aussi obtus qu'infâme.

J'avais rencontré la femme de mon prétendu acolyte et nous avions passé une soirée ensemble. Elle m'avait confié que son ami voulait la contraindre à l'amour tarifé sur les trottoirs de Rouen, la menaçant et la battant. Je reçus un coup au cœur. J'avais peut-être été un petit voleur insurgé contre cette société, mais mon âme restait noble, intacte. Je venais de faire trente-trois mois de prison pour des petits larcins minables, j'étais donc un mec, un dur ! Je décidai d'intervenir. « Viens avec moi, lui ai-je dit. Ton maquereau, je lui casse la gueule s'il bronche. Il va être content du voyage. » Je commettais une faute impardonnable vis-à-vis du « milieu » et de leurs règles. Mon discrédit de leur hégémonie autorisait ce dernier à agir comme ils me dirent : « enculé pour enculé ». De fait, on m'accusa, me poussa en prison. L'ancien ami de cette femme fut arrêté et, m'entraînant dans son sillage, se mit à me charger, m'accuser pour remplir sa vengeance et me faire arrêter. J'avais alors, sans y croire, l'avenir de l'erreur judiciaire devant moi. Mon ami historien Claude Manceron me considère comme un écrivain au talent raisonnable. Sans cette décomposition de la pauvreté, ces blessures de l'écrasant malheur, je me demande si j'aurais pu naître hors d'une destinée de robots sans échappatoire dans la vie ou à l'usine. Il reste à découvrir au grand jour cette erreur judiciaire, cette machiavélique machination de notables de ma région natale. Je me réhabiliterai face à toutes ces forces déchaînées, face à la haine et au mépris tant déployés contre moi avec l'encre de ma voix. Ma seule force. Je m'enchante de ma vie qui gorge ses racines au fond de ma propre humanité, sans idéologie, plus vaste qu'une volonté politique, force coulée à même ma chair. Cette prison que j'ai subie, moi l'emprisonné résistant, est la leçon de ma sensibilité accouchée sur l'horizon du pire. Ma compensation, s'il en est, se projettera peut-être et j'écrirai l'infini de mon devenir.

Mais ce fut surtout l'assassinat de mon frère qui soutint mon pseudocomparse. Cela avait une telle connotation locale de politique, que son scénario judiciaire devint ma condamnation acquise.

On taxa mon alibi de fantaisiste. L'avocat général n'y alla pas par quatre chemins : « J'appelle cela l'alibi de la tribu, n'y croyez pas, messieurs les jurés. » Mes deux sœurs et mon beau-frère venus témoigner de ma présence avec eux le soir des faits furent criblés de questions déroutantes. Cette influence ne les fléchit pas malgré leur fatalisme face à la justice. Ils sont soumis et supportent le drame comme les pauvres savent le faire. J'ai pensé à eux quand la mère d'un condamné à mort qui fut exécuté déclara douloureusement au micro d'un poste périphérique : « Maintenant il est là ; j' vais porter des fleurs sur sa tombe, il n'y a plus d'herbe qui pousse dessus, je l'entretiens. Vous comprenez, c'est toujours mon p'tiot... »

Au parloir, je disais à mon beau-frère : « Fais quelque chose, aide-moi, remue, tu sais que je suis innocent. » Oui, qu'il disait. Il a bien écrit au garde des Sceaux, au président de la République... Cela n'amena rien... sauf, un jour, la police est venue le voir. Ils se sont étonnés qu'il me défende et puis enregistrèrent sa déposition sur procès-verbal ainsi que celle de mes deux sœurs. La justice fut tellement avide de vérité avec eux que les amendes, les contrôles en ville... jusqu'au chien Bouboule — amende pour défaut de collier sur la voie publique — arrivèrent, quasi quotidiens. Débauches de foudres lamentables et sournoises sur la famille Knobelspiess, maudits défenseurs de l'un des leurs. Efficacité éloquente, je suis resté près de deux ans sans parloir avec eux. Quels étaient les éléments en ma faveur ? Déjà la légèreté du dossier entier plaidait mon innocence. On ne put fournir aucune preuve tangible contre moi. Les témoignages à charge s'enchevêtrant de contradictions, le principal étant celui du pompiste, les autres témoins scrutant dans leur mémoire si ma coupe de cheveux, ma taille, la forme de mon visage étaient bien celles qu'ils affirmaient reconnaître trois ans après et celles qui les avait fait hésiter que les photos juste après l'agression. Cela je l'ai déjà expliqué[1].

Trois personnes attestaient l'authenticité de mon alibi. Mon pseudo-comparse affirmait avoir fait ma connaissance dans un bar à Rouen, décidant là sur-le-champ d'aller commettre ce vol avec moi.

Spontanéité confiante d'un nouveau mode relationnel... Rare... Il affirma que j'étais en possession d'une DS 19 volée ; cette voiture qui servit à l'agression du pompiste fut retrouvée accidentée à quelques kilomètres du lieu du délit. Or après vérification, quand enfin au bout de vingt mois le juge donna l'ordre d'y procéder, cette voiture se révéla avoir été dérobée à Beauvais au mois de janvier 1969. Et moi, où étais-je au moment du vol de cette voiture ? En prison à Colmar. Le président intervint finement et ne se soucia pas d'interroger l'auteur de cette affirmation. Il allait miraculeusement au secours de mon pseudo-comparse : « Knobelspiess, cette voiture a donc été volée par l'un de vos complices »... incarcéré depuis trois ans, sorti de prison depuis une semaine au moment des faits, il s'agissait certainement des facultés passe-murailles de mes co-

1. Voir *Q.H.S., op. cit.*

détenus ! Il y avait un poste de radio à l'intérieur de cette voiture. Quand elle fut retrouvée, il avait disparu. Le lendemain de l'agression, la gendarmerie de Bernay soupçonna un certain X... Elle quitte donc le département de l'Eure et la gendarmerie de la Seine-Maritime effectue une perquisition au domicile de X... à Elbeuf. Ce n'est pas vain. X... possédait une DS 19, on trouva à l'intérieur une sacoche et une paire de lunettes que reconnurent les témoins comme ayant été utilisées par les agresseurs... et, dissimulées sous le tableau de bord de la voiture, trente cartouches de 9 mm, du même calibre que la balle d'intimidation qui fut tirée par terre. Et enfin, un poste autoradio de marque Vissaux, le même que celui d'origine manquant à la voiture volée. Par la suite le propriétaire de la voiture volée le reconnaîtra formellement comme lui appartenant. Et pour finir, au cour de cette perquisition, X..., voyant un gendarme se saisir du sac en jute contenant les cartouches, lui bondit dessus. Tirant le sac, il entraîna le gendarme avec lui. D'autres gendarmes accoururent et X... parvint à s'enfuir profitant de la bousculade. Bien que recherché lors de la reconstitution, il osa rôder aux alentours, se faire repérer par les gendarmes de Bernay et réussir à s'enfuir. Pourquoi était-il venu ? Qui l'avait renseigné du jour de la reconstitution des faits à Carsix ? Or ce n'est pas tout, étant considéré comme coupable, c'est moi qu'on allait juger au tribunal correctionnel de Bernay (l'affaire ayant été correctionnalisée). X..., une nouvelle fois, se présenta aux alentours du palais. Les gendarmes qui le connaissaient le repérèrent et le poursuivirent avec un chien policier. X... s'échappa. A l'audience correctionnelle, mon avocat m'affirma que les jeux étaient faits d'avance, que je risquais huit ans et mon pseudo-complice quatre ans. Il demanda l'incompétence du tribunal. « Jamais un dossier aussi énorme de vides ni pareil sabotage. Aux assises, me dit-il, ce sera l'acquittement. — Très bien, maître, vous êtes un spécialiste, je m'en remets à vous. »

Les éléments concernant X... ne figurent pas au dossier, ils sont disjoints. Motif : la perquisition a eu lieu en Seine-Maritime, seul le parquet de Rouen est compétent ; le juge d'instruction de l'Eure considère qu'il ne peut pas inculper X..., mais seulement l'entendre comme témoin. Il appartient au parquet de Rouen de poursuivre X... pour « détention de munitions et violence à gendarmes ». Voilà comment les astuces du droit, qui dès lors sont difficilement vérifiables, ouvrent grande la porte à l'erreur judiciaire, et permettent aux magistrats de s'en sortir honorablement, se débarrassant d'éléments encombrants et trop clairement contradictoires de leur instruction qui devient pourtant, visiblement, tendancieuse...

Le dossier concernant X... ne fut pas traité aux débats contradictoires de la cour d'assises. Et, savez-vous, chaque fois que j'ai demandé qu'on étudie ce dossier contribuant de façon incontestable à prouver mon innocence, la justice répondit : « Il faut d'abord l'accord de X... », et comme vous savez, X... demeure introuvable[1].

1. A la suite de différentes recherches sur les dossiers, mon nouvel avocat, Me Henri Leclerc, a découvert des éléments capitaux.

— Je fais état que X... se battit avec les gendarmes à propos du sac de jute contenant les cartouches... C'est mon frère qui me le rapporta au parloir... Mais sur les dossiers de Rouen, selon Henri Leclerc, les cartouches de 9 mm contenues dans le sac de jute, d'après le procès-verbal, furent découvertes dans une cache aménagée sous le tableau de bord de la voiture personnelle de X... Or aucune mention de cette « cache » ni du sac de jute ne figure au dossier d'assises.

— Ces cartouches portent les mêmes numéros de référence (SF 2, 62 et RY 1, 62) que celle qui fut découverte lors d'une agression à Oissel le 28 janvier 1969 et dont les gendarmes disent dans le dossier de cette affaire qu'elle provient du lot distribué au cours de l'année 1968 au 71e régiment du génie et au 39e régiment d'infanterie de Rouen et y furent donc volées entre 1968 et le 21 janvier 1969. Bien plus, l'arme qui a tiré quatre coups de feu a Oissel le 28 janvier 1969 est selon le professeur Ceccaldi la même que celle qui tira le 26 mai 1969. Or, en 1968 et en janvier 1969, j'étais en prison.

— Le poste auto-radio découvert installé dans le véhicule de X... était bien le poste d'origine de la voiture volée utilisée pour l'agression de la station-service. Ce poste fut effectivement l'objet d'un montage spécial, la propriétaire de la voiture volée le reconnut sans hésitation aucune et en présenta la facture. Le poste fut restitué à sa propriétaire et X... relaxé en correctionnelle.

En cellule, j'espérais un peu, mes avocats devaient s'activer. J'attendais un dénouement favorable. Il ne vint jamais, le pire se déchaînant après le meurtre de Jean. Lorsqu'on me remit le dossier juste avant la session d'assises, je lus avec stupeur une note du juge d'instruction : « Et comme suite au rapport établi par le brigadier Garcia, faire cesser en ce qui me concerne les recherches que j'avais demandées tendant à la découverte du nommé X... »

Le nom de X... figure au dossier. Il est bien connu. Pour ma part, je n'ai pas à le nommer, malgré l'influence de mes amis me disant : « Ça suffit, tu es innocent, mon vieux, tu as assez payé comme ça. » Tout ce que j'avance est authentique. Je suis innocent. Ce n'est pas contestable, mais jamais je ne me ferai un collaborateur de la justice. Elle s'est trompée, elle a truqué, sabordé mon dossier pour sauver un bourgeois meurtrier de mon pauvre frère.

Je ne peux pas citer les noms des magistrats concernés car il est important que ce livre ne soit pas saisi. Je reste en deçà de la réalité violente de mon histoire. J'espère un jour pouvoir dire plus, de la justice, de la prison et de ma vie sociale...

A la fin du réquisitoire l'avocat général était au sommet d'une diatribe brillante des lieux communs de l'intoxication, propos usés mais propices à glisser comme une lettre à la poste — d'autant qu'il reprenait les termes de la pétition en faveur du meurtrier — dans des têtes ignorantes et profanes ; appelées à décider l'irréparable. Réquisitoire épicé... J'étais vulgaire, sans moralité et même trivial. Issu de la mouise et classé commun, populeux, j'en avais appelé au regard de la cour, revendiqué qu'on s'attardât sur mon existence plébéienne. Je n'en devenais que plus coupable d'infliger mes haillons à mes juges repus de privilèges et de leurs valeurs morales. Ce tribun dressait des phrases-fleuves dont j'étais l'unique destinataire, m'envoyant les foudres lumineuses de son langage démesurément répressif. Sûr de lui, le droit chevillé au corps, il m'accusait sans rien démontrer, réclamant ma condamnation :

— Messieurs les jurés, vous les sentinelles de l'ordre, nous commençons à en avoir assez des agressions en bande, des agressions de chauffeurs de taxi... Knobelspiess est le type même d'une dangerosité fruste, je vous rappelle l'expertise psychiatrique... Si vous lâchez Knobelspiess, s'il fait justice lui-même, si très exactement il tue pour venger son frère, qui sera responsable ? Vous ! C'est un coupable jouant les innocents. Il incarne la lâcheté devant ses responsabilités face à l'acte crapuleux d'attaquer un pompiste la nuit avec une arme. Certes le butin fut léger, mais c'est très grave... Votre responsabilité est d'assurer la protection des honnêtes gens, vous êtes le vœu populaire, vous devez neutraliser Knobelspiess, vous devez l'enfermer. Vous jugez un vol qualifié, c'est un crime passible de la peine de mort. Je vous demande de prononcer une peine qui ne soit pas inférieure à quinze années de réclusion.

Mon avocat s'envola d'un bel élan et puis s'étala dans une plaidoirie inconséquente :

— Monsieur le président, messieurs de la cour, messieurs les jurés. J'ai l'émotion au fond de la gorge. Je viens d'entendre le réquisitoire très sévère de l'avocat général, la peine envisagée qui point sur mes épaules et m'arrache des frissons. Mon client est innocent, j'en suis absolument convaincu. S'il comparaît aujourd'hui devant vous c'est à la suite de mes conseils. Cette affaire, ô combien exagérée par M. l'avocat général, a été en première instance vue par le tribunal correctionnel. C'est donc une petite affaire d'assises, et en trente et un ans de barreau, je n'ai jamais vu un tel réquisitoire au regard de ce que nous autres avocats devons plaider régulièrement en toute banalité. La mort du frère de l'accusé, intervenue dans le cadre de la loi en matière de légitime défense, suscite, il est vrai, une émotion. Mais elle ne doit pas desservir les intérêts de mon client... En ce qui concerne les faits, quelles preuves tangibles de la culpabilité de Knobelspiess ? Aucune. L'instruction est malaisée, l'information sur cette affaire est incohérente. Il manque des pièces importantes qui ne sont pas jointes à la connaissance de la cour. Je m'étonne. Mais monsieur le président, si vous le voulez bien, sous votre contrôle... cote X... du dossier, la voiture volée... cote X... tant... cote X... tant... cote X... tant...

Il reprit les démonstrations que j'ai faites précédemment.

— Voilà, messieurs les jurés. Pas seulement le doute, mais le trouble à vos consciences. Rien ne permet d'affirmer la culpabilité de Knobelspiess, son innocence est matériellement et clairement démontrée. Je regrette les propos de l'avocat général, vous ne pouvez et ne devez pas le condamner. Son casier judiciaire, êtes-vous en train de penser ? Je sais, Knobelspiess est un délinquant, un truand même, je l'affirme, mais un truand INNOCENT Vous ne devez pas le condamné.

Le président :

— Accusé, pour la dernière fois vous avez la parole, avez-vous quelque chose à déclarer ?

— Ce que vous faites tous ici est horrible. Les trois ans que je viens de passer injustement en prison, qui en prend la responsabilité ? L'avocat général ainsi que mon avocat se sont trompés. Je ne suis ni truand ni délinquant mais une victime de la misère. Je vous demande de faire face à cela. Quant à me supposer coupable et me décrire comme l'a fait l'avocat général, il faut avoir la peste au ventre, la méchanceté ne connaît plus ses limites. Tout s'est ligué contre moi au cours du procès. A l'école et à l'église quand j'étais petit, on aurait dû me conseiller de venir assister aux débats d'une cour d'assises. Si tous les procès sont comme le mien, on peut y voir le diable et ses représentants. Vous, messieurs les jurés, qui êtes restés muets au cours des débats, vous qui me regardez en coin et clins d'œil complices de l'assassin de mon frère et ses amis présents dans cette salle, je vous demande de me regarder en face... au fond des yeux, au fond de ma douloureuse colère ? A quelle époque vit cette cour d'assises, sous quel régime ?... Ce procès m'a épuisé, je ne peux pas faire de discours, à vous dont la conscience doit se dissoudre dès lors que vous jugez un innocent. J'abrège mon désir cuisant de vous réveiller, de vous empêcher de verser dans l'inexcusable... Voilà, monsieur le président, je termine en déclarant impérativement à la cour ce que j'attends d'elle. Simplement mon acquittement et le souci de considérer ces trois ans de prison comme une tranche de vie dans un enfer terrestre ; on me doit acquittement et réparation.

Je parlai, ou plutôt je criai au fond du plus sombre pressentiment. Je fus condamné à quinze années de réclusion. Après l'avanie pour laquelle on m'avait extrait un jour, il me fallait imaginer quinze années d'enfermement. Mon retour vers l'effroi de ce qui m'attendait. L'entrée à la sacristie funèbre des consciences humaines. L'enterrement mural à vif. L'affreux boyau du cube cellulaire. Le véritable lieu du crime. Le silence pour quinze années. Quinze années de ma vie congelée. Quelle forme de mort peut mieux sublimer cette œuvre ? Je me suis senti mourir et cela n'a jamais cessé.

Il me faut préciser que l'avocat général, dont j'ai parlé sans ménagement pour la clarté de la vérité de ce que je vécus alors, eut des remords. Ce magistrat osa le courage de se désavouer. Il s'inquiéta, il m'écrivit, il vint me voir et transmit lui-même une requête en révision de procès. Elle fut rejetée... Le pouvoir existe à sens unique, l'homme qui me fit si implacablement condamné ne put absolument rien faire pour revenir en arrière. Le mystère de son attitude me demeure totale. Son revirement si rapide. A-t-il eu en main d'autres dossiers ? Que s'est-il passé dans son for intérieur ? Ce magistrat honnête garde mon amitié même si notre relation s'est amenuisée.

L'un des amis qui me soutiennent, Guy Bedos, fit un sketch très fort à partir d'une lettre que m'envoya ce magistrat à la prison. Guy n'a pas tort, ma condamnation est irréparable. Mais un magistrat qui a le courage de se désavouer est digne d'estime... A l'inverse le sketch de Guy me fait espérer. J'ai été ému, j'ai eu les larmes aux yeux de l'entendre. Une gaieté brusquement ressuscitée le temps de l'entendre lors de l'émission. Il allégeait ma souffrance et l'engendrement de la haine. C'était à l'occasion de la sortie de mon premier livre. Il y eut une sensibilisation sur ce livre, on le trouvait chez les libraires, dans les halls de gare. Les gens disaient à Helyett : « Ça y est, il est sorti ? » Et Helyett, douloureuse, répondait : « Quoi ? le livre ou Roger ? » Ce moment d'espoir est passé, les ténèbres sont retombées et la cellule que je n'ai jamais quittée me serre la peau. Quant à l'avocat, pourtant concerné au premier degré, il m'a salement laissé tomber. Il a disparu. C'est une pratique courante chez une majorité d'avocats. Ou simplement une morale très bourgeoise...

8

Intermède sur le discours d'intolérance

« Les artistes ont toujours incarné ce contre-pouvoir qui interpelle la belle certitude des régimes en place. C'est à nous, les histrions, que revient le privilège d'ouvrir des brèches dans ces murailles que sont l'hypocrisie, la suffisance et l'orgueil des puissants... »

GUY BEDOS.

Aujourd'hui 11 novembre 1980. Je ne peux continuer d'écrire sans une halte. La journée respire une aura de célébration. Fête de l'armistice. Temps mort. Trêve assignée sur les mémoires. Il faut être abrupt ; oser se questionner, en flashes et spots, et sans raccourci ni détour, sur cette horreur fratricide qu'on célèbre aujourd'hui. Ce 11 novembre. La guerre à flots de sang et de larmes ; deuil de l'horreur noyée dans des averses d'oraisons, broyée sous les orages des mots fusant de la bouche de nos politiciens ; de nos responsables !

C'est la fête des morts, pas des vivants
C'est fête nationale
11 millions de morts
plus encore
L'intelligence et l'amour se sont exprimés
11 millions de morts, de morts, de morts
Litanie !
qui monte de sous la terre

Cette vie assassinée
enterrée
qui décompose par le sol
nos prétentions
qui rougit la peau du soleil !
s'insurge contre nos pupilles d'aveugles
Nous sommes tranquilles
On a inventé la fête des morts
11 millions
Tue un homme
tu es un assassin !
Tue des milliers d'hommes
tu es un conquérant !
Tu massacres tout le monde
tu es un Dieu !
Tel est notre ordre
notre morale, notre vérité humaine
Oyez la fête des morts
voyez nous n'avons pas honte de notre barbarie
on vous ressuscite à notre pensée
Et sûrement
l'on serait encore prêt à recommencer...

Flash radio. En Gironde, des gens sont allés manifester devant la gendarmerie ; un homme bien estimé vient d'être tué d'une rafale de pistolet-mitrailleur par un gendarme. Colère de la population, impunité du meurtrier. Bavure. Une autre. Un C.R.S. de Marseille tue un jeune Arabe. La police de Paris tue une jeune Gitane. Comptabiliser ces bavures. Société de violence diffusant l'amnésie, colportant d'officiels mensonges pour protéger ses baveurs. Les statistiques sur la délinquance n'augmentent pas, pas même en proportion du chômage grimpant. La violence. Théorisée et voulue. Evidente quand on regarde les cités. La ville et sa périphérie. Les vitrines et les corridors désertiques de ses banlieues...

Parce que deux permissionnaires ont tué des policiers, on s'est mis à ruer dans les brancards de l'exemplaire ; déchaînement de la poignée d'hommes serrant les rênes du pouvoir en hurlant à la majorité muette les banderilles de l'acharnement. Le résultat ne se fit pas attendre : suppression des permissions. Lorsqu'il n'y en aura plus, sauf exception confirmant la règle, lorsque le pire deviendra absolu, lorsque les prisons s'enfleront de chômeurs... lorsque l'invivable déjà existant ne fera plus qu'une logique d'intolérance totale, alors il ne restera plus que la mise au tombeau des derniers espoirs. De quelle issue anéantissante s'agira-t-il ? Si une bavure d'un permissionnaire aboutit à la suppression des permissions, que la bavure d'un policier aboutisse à la suspension de la police, celle d'un C.R.S. à la suspension du corps des C.R.S., celle d'un gendarme à la suspension de la gendarmerie, celle d'un gardien de prison à la suspension de l'Administration pénitentiaire, l'erreur d'un juge à la suspension des juges. Celle d'un chef d'Etat-Watergate à la suspension du chef d'Etat... Oyez, braves gens, oyez la politique de force à travers les discours coups de poing, chloroformés en bandelettes de slogans qui vous soûlent le cerveau... leur langage voile votre regard ! Oyez sur les prisons, oyez ! ! !

9

La vengeance impossible

« La pensée du soupçon est une pensée de flic. »

MICHEL SERRES.

Je n'avais plus sommeil. Cette idée me tourmentait, il fallait me mettre à l'épreuve. Ce commerçant, dormant la carabine à portée de main, tranquille chez lui, meurtrier jouissant de la protection judiciaire, bourgeoise des notables. Que savait-il de l'enfer carcéral ? de ma situation sans issue où j'étais traqué comme une bête ? Une cible sur le tableau de chasse bien-pensant. Comment pouvait-il vivre avec ses deux victimes sur la conscience, oublieux de la décomposition de mon frère, dans sa boîte, au cimetière. On m'avait traité comme une bête, il fallait que je sache si j'en étais une, je périssais à petit feu sous les mécanismes écrasants de l'erreur judiciaire organisée pour le protéger honorablement et le sauver. Plus rien n'aurait dû me retenir : ils m'avaient traqué au-delà des valeurs qui prévalent chez l'individu.

Pouvait-on, voulait-on connaître la situation dramatique où je n'avais pas eu d'autre choix que la cavale ?... Est-il possible de faire comprendre cette confrontation imperceptible à tous les communs des mortels qui sont inaptes à mesurer que leur société exerce impitoyablement le rapport de guerre avec leur victime qui n'est plus dans les normes de l'obéissance et la soumission à la loi ?... Je tremblais à la vue d'un uniforme de flic, j'étais en proie à ces croisements quotidiens où tout pouvait basculer à n'importe quel moment. La scène devenant répétitive et cruellement banalisée.

Un gardien de la paix :

— Monsieur, vos papiers !

Moi, je cours, je détale complètement paniqué.

Le flic :

— Arrêtez, je vous somme de vous arrêter...

(Je formule les « sommations » mais dans la réalité...)

Ça y est, il tire, il m'allume dans le dos, je sens ma tête éclater sous les balles, le sol se dérobe sous mes pieds, je gis sur le trottoir, dans mon sang... comme mon frère.

Eh bien... non ! Cela ne sera pas fatal, on ne m'assassinera pas, on ne greffera pas sur mon nom l'apologie d'un commentaire de fait divers pour enterrer ma vie et ma vérité. Ecrivant aujourd'hui sous le langage permissif établi, je suis victime face à ceux qui excellent sans répugnance à la verve décorative d'une société qui s'évite les éclaboussures de méthodes meurtrières. Il ne fallait pas alors que je devienne un cadavre surgelé et aseptisé au figuré comme au propre sur la morgue des propriétaires de vocabulaires. J'allais réagir par le refus de mon sort... Le commerçant assassin de mon frère devait-il payer son double crime, on n'efface pas le sang avec le sang... ma vie sera-t-elle indéfiniment martyrisée par l'irréparable erreur ? Pourtant, pensai-je, il y aurait enquête et, dès lors, l'on ne s'étonnerait pas de ma réaction suite aux découvertes des corruptions morales, des magouilles et de l'hallali judiciaire... Tous ces rouages institutionnels savamment détournés au profit d'une force malséante irriguant le centre de mon histoire.

J'avais beau me soûler au cognac ou au whisky, ma volonté de tuer se faisait réticente. Je m'étais procuré une arme, je n'arrivais pas à être à plein corps l'articulation d'une décision. Mais merde... tout ce qu'on m'infligeait, tout ce que j'endurais. Moi qui aurais voulu être un individu d'amour, une sensibilité et une tendresse croissante envers ceux qui possèdent encore l'identité de dignité à demeurer debout. Ceux qui restent des vivants, des humains, des consciences connaissant le pouvoir de comprendre sans jamais faire complaisance aux nouvelles formes sournoises du fascisme renaissant... Moi, en cellule, contraint à lutter sans désemparer rien que pour survivre parce que j'étais traité moins qu'un chien par la pénitentiaire : non !

Curieuse vérité de l'intelligence que l'invention d'un outil à tuer. A y regarder de près, cet objet né de l'imaginaire humain me signifiait ma non-appartenance à cette prétention d'une vision culturelle des humanités et leurs présentes et historiques civilisations. Je n'aimais pas cette arme et pourtant, face à mon désespoir, elle me fascinait à la manière d'une possibilité boom-rang de justice à rétablir. Fallait-il que je la charge ?

Il était environ 22 heures, il fallait me préparer et j'ai regagné l'hôtel où je me suis endormi tel un automate, décomposé, insensible.

Il était 6 heures du matin. Mes gants, les lunettes, ma perruque et mon tube de fond de teint. J'ai silencieusement quitté ma chambre. Dehors, la rue des Pyrénées commençait à se ranimer sous le flot envahissant des cohortes de voitures vagissantes et empressées. Place Gambetta, j'ai passé à proximité d'un poste de police. Je cherchais la petite rue où j'avais garé la voiture.

« C'est par là », me dis-je en suivant l'empreinte familière d'une rue inscrite dans ma mémoire. Dès que je l'aperçus, je passai devant mine de rien tout en observant les alentours avec acuité. J'entrai dans un estaminet et me fis servir un p'tit noir. La luminosité de ce rade était blafarde. L'endroit puait l'usure, la routine, l'ennui et les solitudes. Je sortis un billet. Et, par attitude conforme, je laissai un pourboire de cinquante centimes. Puis me décidai à y aller... Les clefs, le déverrouillement de la portière, je m'installai à l'intérieur, toute une machinerie de gestes ultra-rapides, je desserrai le frein à main, j'enclenchai la première tout en démarrant. A peine le moteur tournait-il que j'avais écrasé l'accélérateur, débrayant sec. Dès lors que je roulais rapide, tout fut fait dans le même mouvement : portière fermée, feux allumés, passage à la deuxième vitesse. Ça défilait... Je pris la direction de la porte de la Nation, via le périf et l'autoroute de l'Ouest. A un feu rouge, je profitai du temps d'arrêt pour faire le tour du véhicule et contrôler que tous les feux étaient en état. Inutile de me faire arrêter bêtement... et je roule, roule. Il y a des bonbons à la menthe dans la boîte à gants, j'en avale un. Je défile sur l'autoroute de l'Ouest, direction Evreux puis Beaumont-le-Roger. Au péage de Mantes-la-Jolie je ferai le plein d'essence. Je me laisse emporter par la conduite, j'écoute Higelin. Je me laisse aller à rêver l'ailleurs. Je ne sais même pas où, ni même si je suis en train de conduire... Je suis comme irréel aux commandes de cet engin. Sur l'autoroute, les voitures qui se croisent et se décroisent foncent vers une seule direction. Il n'y en a pas un qui sourit.

Le va-et-vient des essuie-glaces me sortit de ma torpeur et la visibilité devint mauvaise. Il neigeait. La température à l'intérieur du véhicule baissait, j'actionnai la manette de chauffage et dus ralentir. Arrivant dans les rues de Beaumont-le-Roger, je fus surpris de ne pas comprendre ce que je venais y faire. Chienne de vie qui me transporte et me lèse de tout pouvoir sur moi-même. La ville du meurtre, la ville d'où s'était élevée une face humaine abominable. Les citadins avaient l'air tranquille, le portrait du confort. Comme mû par un réflexe, je me dirigeai vers l'endroit précis où avait été abattu mon frère. J'avais les larmes aux yeux de voir cette place, ce magasin, l'endroit où il était tombé. Je ne pensais qu'à Jeannot... Mais où suis-je ? Ce décor social n'était pour moi qu'un paravent où se cachait la bestialité. Je me sentais écrasé et tout petit. Besoin impossible et inassouvi de toute la tendresse et la chaleur de mon frère. A travers la vitrine du magasin, je vis le meurtrier... Contrôle immédiat des nerfs, une pression sur la pédale d'accélération et je quittai l'endroit maudit.

Après avoir sillonné l'endroit, je pris la direction d'un hôtel non sans avoir effectué quelques achats se composant de bonnes bouteilles de vin pour calmer ma solitude, apaiser mon angoisse. Il était tard, la nuit allait être longue et mon sommeil violemment agité, peut-être avec le vin, pensai-je, la décision de lui faire son compte à cet assassin allait-elle s'affermir. Dans ma chambre, le vin m'enrageait. Je fulminais par cette attente, ces précautions. Je devrais y aller tout de suite, en finir, cesser de m'interroger, lui dormait tranquille. Toutes ses valeurs sociales et celles des hommes de sa trempe fermentaient la lie et le venin du fusil avec lequel, le meurtre à la main, ils se rehaussent, eux, et se valorisent, sur le dos des miséreux issus du même ruisseau que moi !

Au moment où je poussais la porte de son magasin, il vint vers moi, gentil et offert. Nous étions seuls, personne dans la rue. Ma main serrait l'arme dans la poche de mon imperméable... Etait-ce possible ? Il était serein, il était l'archétype même de la courtoisie. Quand il s'adressa à moi : « Vous désirez, monsieur ? », j'ai compris... je n'ai plus compris, je ne savais plus. Lui l'assassin, c'était rien, c'était neutre.

C'était l'amabilité de tous les gens qu'on rencontre dans la rue. C'était le notable adouci, la forme de tous les contours bonasses qui s'inféodent à la légitimité de leur caste, comme les rois oppresseurs qui s'arrogent tous les droits par grâce divine. Lui, c'était l'ignorance en fonction. Alors, j'ai vu une inscription illuminer les traits de son visage : « C'est par erreur que la vie m'a doté d'une cervelle humaine. » Lui, c'était l'objet négatif venu des moules humains. Lui, c'était l'Etat, la société, la tête vide. J'ai mesuré que j'appartenais à la VIE, et je ne pouvais pas tuer. J'aurais décédé intérieurement sur-le-champ si j'avais sorti mon arme.

— Vous désirez, monsieur ?

— Euh... Vous avez des rasoirs Philips à trois têtes...

Je n'ai pas pardonné à l'assassin de mon frère. A la hauteur de ma vérité luttant contre la barbarie judiciaire, pénitentiaire, sociale, je ne peux être identifiable à leurs schémas nécrophiles. Être une dignité de la Vie consiste à ne pas avoir en soi la notion de punition, c'est-à-dire être dégagé aussi de celle de pardonner. Je n'ai rien à punir, je n'ai rien à pardonner... Fût-ce même à ce double assassin. J'ai seulement à jouir de mes capacités sans cesse ouvertes à l'entendement, AU DESIR D'EXPLIQUER ET

COMPRENDRE... Un défit même à l'enfermement, principal.

Paradoxalement, lorsqu'on peut nommer avec précision tout ce qu'un Etat a de fasciste et, l'Etat français, par ses prisons et son appareil judiciaire, s'y oriente ostensiblement, il est donc possible par cette découverte de la répression, de la violence étatique, d'y résister, de lutter contre parce que cette confrontation avec la vérité démasquée nous purge des illusions qu'ils écrivent dans nos têtes.

Sur les fronts de ma misère et de ma survie quotidienne, je suis une volonté littéraire ne déviant pas de son origine prolétarienne. A quoi me servirait le vrai savoir et la finesse de l'esprit si c'était pour m'occulter à moi-même la réalité acharnée de mon existence étouffée par les geôles, la réalité de mon corps entravé aux chaînes millénaires de la barbarie ?... Devant la porte de cette vérité, il n'est rien à ajouter sinon la force de ma plume inculte pour refuser d'abdiquer là où précisément la grandeur littéraire s'est éteinte et laisse proliférer les méthodes fascistes derrière le voile social, derrière le rideau impitoyable de l'indifférence et les banalisations.

Sous la semelle moralisante de cette société propice à tous les avides aveugles d'honneurs et de mérites, il est peu de ces grandes gloires élitaires qui s'insurgent à vouloir découvrir tout ce qui crève, gémit et meurt sous l'écrasement lourd du pas social. Quel est ce mauvais sort que d'être de nationalité française, un pays dirigé sur l'extinction d'un peuple sous l'éloquence de ses dirigeants ? Ici même, sous le vernis prestigieux et culturel de cette dignité nationale s'exercent l'action et la structure bestiaires méconnues et inaccessibles à l'opinion. Il n'y a rien à ajouter de plus profond qu'une torture pratiquée par les mains innocentes de la démocratie.

Les morsures de mes grilles, de mes fers, du cube de béton dans lequel je suis coulé à vif, une suprématie de l'hideux, démontrent l'injustifiable d'une société. Je suis le combat d'une écriture alarmiste, au cœur d'un monde où mon cri amplifié de quinze années de captivité demeure inaperçu aux oreilles des responsables qui me détiennent. Solitude de ma douleur, une complainte murmurante sur les murs de derrière la vie. Suis-je devenu le bon sauvage, suis-je le Lantier de Zola dont les mains s'obstinent à écarter les portes de l'enfer pour vous interpeller, vous extirper vos faces cachées, votre au-delà, votre outre-humanité, votre vérité de civilisation avec ce qu'elle maintient d'inqualifiable dans ses couches profondes ?...

Annexes

Annexe 1

Lettres d'amour

Le mal et la souffrance viennent
de ce que les hommes et les femmes
ne croient pas
à leurs propres enchantements.

JULOS BEAUCARNE
(Mon terroir c'est les galaxies).

Il est 10 h 15. Je suis assis sur mon lit. Hier soir. Hyperénervé car je t'écris des choses que je n'aimerais pas te dire et qui ne te concernent pas toi. Toi qui es parole, tu es même plus que tes actes, tu es au sang de toi. A l'intime de toi dans ta vie. Tu donnes l'amour à la réclusion. Tu viens t'enfermer dans le parloir avec moi. Tu passes les terribles grilles de la bête de béton pour venir m'oxygéner. Tu donnes contre la séparation, contre l'ordre établi. Tu m'aimes au cœur du désespoir, de la souffrance, de la torture indolore. Tu sais où se trouvent les sanguinaires, tu sais à quel point l'Occident met en place un système de dictature sans précédent. Celui d'une armée de militaires des pensées analphabétisantes, des tueurs de sensibilité. Eux qui endoctrinent, lobotomisent, obscurantissent, fascisent les foules, massérisent la vie en pâte amorphe. Toi tu sais que je suis un rebelle seul sur sa barricade sans fraternité. Mais j'ai mieux, j'ai l'amour. J'ai toi. Toi qui sais que je souffre de refus au front même de la barbarie. Je suis comme toi. J'écris pour ne pas être isolé. Action fonctionnelle, une pratique qui arme une expression de moi. Puisque les cons écrivent avec talent pour ne rien dire, pourquoi pas « nous » et surtout nous... Mais jamais nous ne serons des frustrés de l'arrivisme ; des dépressifs avides de cénacles de notoriétés marginales. Notre seule identité. C'est toi qui veux toi. C'est moi qui veux moi. Le reste ne sort pas du système où nous sommes piégés sous toutes les coutures. Nous comme les autres, même si on est créateur dans le déchirement intérieur [...]. Il est des parcours de la conscience où il ne peut y avoir identité et reconnaissance entre les gens [...].

Je ne peux pas en vouloir à ceux qui ne sont pas moi. J'ai fait un choix. Je l'assume. Je reste seul avec toi sur notre barricade où l'on se porte mutuellement et moi... avec l'handicap et mes blessures, je suis unique. Comme toi ! C'est vrai que tu es tigresse, c'est vrai que tu ne pactises pas avec l'environnement social en décidant de m'aimer. O ma tigresse adorée... [...]. Que tu es belle de te déparquer des restes de cette pensée révolutionnaire soixante-huitarde que tous les forcenés de l'idéologie essaient de faire refleurir. Alors qu'ils ont fait la démonstration d'un non-possible de révolution en social-démocratie, tant il suffit de négocier à Grenelle ou Charlety, du fric et un arrangement des politiciens, et le système continue coûte que coûte. Demain la dictature de l'eurocommunisme pourrait remplacer celle actuelle avec ses voiles transparents. L'isme change et le système reste...

[...] Il y a des notions d'idéologie révolutionnaire qui me débectent. Toujours oui aux révolutions,... mais réticences envers les révolutionnaires spécialisés... Même des gens de qualité. Chaque fois que j'ai essayé de monter l'expression, de précipiter les rencontres, de forcer le barrage du concept, d'embrayer sur la vie, sur l'humain, sur l'amour, sur l'autonomie naturelle de soi, profondément comme nouvel imaginaire, comme recherche plus authentique... hors temps, hors norme, hors référence à une Histoire sacralisée, fossilisée par ses cultures élitaires et guerrières : je me suis fait claquer la porte au nez ! J'ai souvent insulté (car l'insulte est aussi une expression de l'indicible qui ne doit pas choquer mais expulser ce qu'elle contient et renferme de riche à l'intérieur et derrière). Insuffisance révolutionnaire car ces correspondants ont laissé mon courrier sans réponse...

[...] Il y a des types qui sont physiquement prêts pour l'action généreuse. Mais pas dans leur tête. Leur tête reste imprégnée de l'ordre établi et d'autres c'est l'inverse. C'est rare de trouver les deux en révolte contre ce monde aux multiples cadavres.

Il faut tout payer. Payer pour dormir. Se chauffer, se vêtir, se nourrir. Payer pour survivre. Rien que survivre et aller solliciter le patron. Manifester dans les rues pour le maître, pour l'esclavagisme. Sécurité du travail. Sécurité de son exploitation, de son aliénation, de sa servitude, de sa dépossession, de sa non-vie. Sur une planète où il y a abondance pour tout le monde alors que l'entretien des armées mondiales pourrait pourvoir à la nourriture de deux milliards d'individus... C'est affolant ! Cette planète divisée en pays. On parle de différentes cultures. A l'évidence même, les êtres ont les mêmes modes de quasi-inexistence, de servage, et de soumission. Qu'ils soient de France ou de Pékin. Les intoxiqués d'une religion, d'une culture, veulent des disciples, veulent des enfants, veulent des pères mais ne se veulent pas EUX-MEMES. Dixit Raoul ! Et toi, tigresse de ma vie. Ma belle tigresse... mais belle, belle, belle tigresse, au sang bouillant, à l'odeur chaude et fauve de vie... Est-ce que tu te veux toi-même ? Oh oui ! tu te veux toi-même et même bien.

Je le sais à tous tes mots, dans tes souffles. Le lis dans tous tes regards. Ne t'inquiète pas, Amour. Je n'ai qu'un seul et unique but dorénavant : toi. Rien que toi. Pour tout et avant tout ! Si j'ai dit des choses qui ont pu te faire mal, ce sont des choses à revoir entre nous. On parlera. On cherchera ensemble. Tout ce qui peut faire obstacle à « nous » tombera. Nous d'abord !...

M'occuper que de nous. Vivre avec toi. Faire des livres à côté de toi. T'écouter vivre, te regarder voir. T'admirer, t'admirer toi, au cœur de ce quotidien infect. VIVRE NOUS ! Tout compenser par nous !

Je te rassure, Amour, je t'appartiens ! Je signe mon appartenance à toi car elle est libre. Elle est vie. Elle est ce qui me motive dorénavant.

JE NOUS VEUX, je te veux vie à vif. A bouger et faire. A aller et venir. Je t'aime libre de désirer en extérieur à moi (où je suis emporté par toi), d'être libre en désirs. Je veux être une compréhension à l'intérieur de toi. Oui, je suis tous les possibles en mouvement. Les possibles en vie se réinventant. En joie créative...

Il est tard. La nuit carcérale tombant sur les barreaux, les grilles, la cellule et la présence permanente des fusils aux guérites des miradors, ce décor de l'enfer. La respiration moins compressée, une sensation fugace d'adoucissement...

Je vais dodo. Oublier la solitude de ce lit froid, de cette morgue. Je pense à toi et j'ai chaud de vivre et d'espoir. On triomphera des oiseaux de proie. On pourra un jour s'aimer réellement en corps à corps, au coude à coude. Viens t'allonger sur moi. Viens me faire couverture de toi, viens me réchauffer, viens me brûler, me faire câlin et tendresse. Viens me faire fusion de nous. Voracité et vibration de nos êtres mélangés où nos soupirs et nos cris sont encore des caresses d'amour qui nous enveloppent et nous affament.

Viens dodo...

Je t'aime... t'aime... T'AIME... encore, encore, et encore de...

[...]

[...]

[...]

[...]

[...]

Nos corps qui savent la peau, de notre place en nous... Comme je t'aime, me délire de toi... tu es belle... belle... belle... belle... oui, brûle-moi de notre cri qui nous arrache des chaînes du monde, qui nous dévoile les yeux, nous ouvre le ciel... ô je t'aime, je t'aime... Dis on reste tendre... on s'en délace pas... Dis ta vie fragile et la mienne qu'on offre en partage intarissable... c'est la beauté, c'est d'ailleurs, c'est vivre avec soif... ton nous...

Mon amour « AMOUR »,

[...] tu dois juste venir de te lever. Moi, c'est idem. Je n'arrête pas de me rêver à travers toi, ô je t'aime, je t'aime, ma Helyett, ma beauté, ma Helyett, je t'aime, t'aime, t'aime, mais que je t'aime, c'est inouï, c'est force, c'est vie : je suis HEUREUX... tu es BELLE !

Aujourd'hui, je vais bien.

Tu sais, il faut pas perdre de vue que nous, c'est liberté et ce ne peut être qu'existence réinventée. Si l'un de nous n'a plus le désir de l'autre, l'autre doit lui dire : mais pars ! Va à l'amour, va au soleil de tes sourires, ne me subis pas. Ne jamais se SUBIR en amour, mais se désirer en totalité. L'enfermement c'est quand l'autre ne comprend plus, s'accroche, sombre possessivement et veut dès lors imposer ses limites, là où il est désemparé par ce qui l'articule de l'intérieur et qui n'est pas lui. Nous, heureusement, notre amour est né sur un possible... Il ne pouvait naître que comme cela pour être garant de notre liberté. N'aie crainte, je veux longtemps de nous. Je veux seulement me rappeler sans cesse notre liberté, afin qu'elle soit un fait vivant entre nous, et que jamais cela ne pèse sur toi ou moi. J'ai la certitude de toi au-delà des sommets et c'est l'exigence où ma faim de toi est inépuisable. Il ne faut pas se jurer des toujours ; on ne sait pas de quoi notre futur peut être fait et puis, se jurer un toujours, c'est régresser l'amour. L'amour ne doit jamais être une chose définitive. Mais au fond de moi, intimement, je souhaite un toujours avec toi. Je souhaite un jusqu'au bout de ma vie avec toi ! Voilà, comme il faut dire les choses... Je crois ?... [...]

[...] Je me découvre sous mon visage d'hier et d'aujourd'hui, où sans souvenir d'avoir jamais autant aimé. Je veux être JOUR, clair et sans ombre, avec toi, avec moi, avec nous. Nos regards s'entrecroisant, s'autopénétrant. Et s'ouvrant à l'Eden.

Sais-tu qu'une des réactions typiques du fascisme consiste, dès que se détériore une correspondance d'entente avec l'autre ou les autres, à vouloir tout démolir dès lors en l'autre. Il est difficile pour toi comme pour moi de l'avoir en présence à l'esprit et de pouvoir s'en abriter. On n'est pas les produits d'un conditionnement innocent.

On survit, on existe sur les bases de la cybernétique. C'est le gouffre inéluctable, c'est comme l'écrit si bien notre ami Roger Garaudy : « Il n'est pas sûr qu'un enfant venant au monde aujourd'hui soit encore vivant dans cinquante ans. » Chaque année à l'échelle mondiale, c'est aussi la croissance des morts. Le crime ici se nomme famine, pillage des sols et des richesses. Vestige authentique de notre civilisation, égale 50 millions de morts. Egale la population d'un territoire comme la France qui disparaît du globe chaque année. Qui s'en préoccupe, qui en parle ? Pas les grands, pas les puissants... eux les auteurs directs.

Autour de nous, c'est le Règne, celui du masque à vérité qui illumine et rayonne les mensonges et l'abrutissement humain. Capacité de vivre, capacité créative de l'espèce humaine, capacité du cerveau... C'est la première cible. Celle de l'imaginatif humain. Rayés de la carte... Eux aussi, nos rêves, notre vie et nos possibilités d'être existentiellement harmonieux. Il y a aussi dans tout cela l'hydre d'un régime dit de liberté qui, pour sa soupape alibi, engendre son propre besoin de subversion institutionnalisée. En ce schéma-là je ne veux pas être enfermé. Viens, je te câline, viens je te dorlote, viens je t'aime. Ton « nous ».

Date fonctionnelle : Jeudi matin —
11 heures
(hors temps)

Amour,

T'ai envoyé lettre exprès car j'avais à me faire pardonner lettre triste précédente et puis. C'est moi. Suis heureux ! Hier soir. J'avais du soleil au cœur. Plein, plein, ô ma petite fille. Ne pleure pas. Même d'émotion. J'existe et je t'aime. C.E.R.T.I.-T.U.D.E. Tu peux la graver en toi !

Viens de relire « Mots organes fumants ». Tu plantes avec les mots la sensibilité, la vie, le désir, l'existence au profond de moi où je voyage dans ton esprit... C'est beau. Tu m'emportes très loin et j'y festoie à mon bonheur d'être. Oui, oui, c'est exactement cela. Je te cite : « Que l'amour ne soit pas une zoologie des dimanches, mais un ensemble de mouvements où pulse une intimité partageable au-delà de l'obsession des corps et *leur parade* (yes). S'écouler par l'éventail de nos multiples sens. Va-et-vient foison. » Oui, oui, « s'écouter dans l'éventail de nos multiples sens » et il faut un va-et-vient foison pour régénérer et nourrir sans cesse « nos multiples sens ». Sûr !

T'as raison tu es belle ! Toi tu sais ton corps. Toi tu sais la vie... toi tu sais d'amour en sommets ; toi tu sais tes richesses. Tu n'es pas séparée, tu n'es pas amputée de tes gestes, tes souffles, tes regards que tu sais allumer. Ouvrir tes yeux n'est pas un automatisme larvé d'habitudes ; ouvrir tes yeux est toujours la vie. Etre fraîcheur, être brûlante du sang qui te parcourt, qui te pulse... tu es maîtresse de tes infinis. Tu es sensibilité de toi, tu es conscience affamée de ta vie... ô, je t'entends... M'entends-tu courir à l'intérieur de toi, marcher, danser ? Je suis dans ton ventre quand tu as mal. C'est moi qui fais mon fou à l'intérieur de toi. Je te pince, je te chatouille, je te dorlote ; je te chéris, je t'aime, je te serre. Je suis périple du soleil en toi. Je brûle la glace, je te tiens cuisante, palpitante, pétulante. J'arrache toutes les peaux qui ne sont pas de nous. Je suis défenseur de notre beauté, de notre luminosité vive...

— c'est comme cela que tu es en moi. Le jour où je viens encore de te boire dans Nos Organes fumants. Tes larmes caressent mes yeux quand je pleure et ces larmes je ne les retiens pas. C'est présence et caresse de toi sur mes yeux... C'est nous en réhabilitation sensible...

ô je t'aime

ton-nous-univers-d'outre-monde...

Annexe 2

L'affaire

par Maître Henri Lecler
Avocat de l'auteur

Notre justice est parfaite et les juges ne se trompent jamais. Tels sont les postulats fondamentaux de notre droit qui rassurent la conscience de ceux auxquels on a donné le pouvoir de juger, ce fondement de tout pouvoir social. Comme ils savent bien que la justice, si elle n'est pas vérité, n'est plus qu'une mascarade dérisoire, comme ils s'interrogent sur les vérités qu'on leur demande de dire, vérité du pouvoir de juger, vérité des faits, vérité d'un homme, on a défini la vérité comme étant ce qu'ils disent. C'est ce que l'on appelle l'autorité de la chose jugée. Dès lors, les juges ne peuvent plus se tromper puisque ce qu'ils ont dit est devenu la vérité par définition. Qu'importe alors ce qui s'est exactement passé dans la nuit du 25 au 26 mai 1969 à Carsix, qu'importe Roger Knobelspiess, la justice est passée, la vérité a été dite et ses cris d'innocence deviennent des cris de rébellion.

Certes l'article 622 du Code de procédure pénale prévoit bien que l'erreur judiciaire peut exister puisqu'on peut réviser les procès. Mais dans quatre cas : lorsque la justice a condamné pour le meurtre de quelqu'un qui est encore vivant : lorsque deux personnes ont été condamnées pour le même meurtre; lorsqu'un témoin a été condamné pour faux témoignage; et enfin, lorsqu'un fait nouveau de nature à établir l'innocence se révèle *après* la condamnation. Cela ne veut pas dire que l'on admet que les juges peuvent s'être trompés. Cela veut dire tout simplement qu'ils peuvent seulement avoir été trompés. La faute ne vient pas d'eux, d'un manque de lucidité dans l'interprétation des faits, de leur incompréhension d'un homme. La faute leur est extérieure puisque, par définition, ils ne peuvent se tromper.

Cette vérité qu'ils ont dite, soumise aux hasards du tirage au sort, aux variations de leurs humeurs, forgée dans un pseudo-débat démocratique incontrôlable puisque secret, envoie des hommes à la mort ou à la souffrance infinie et silencieuse de la prison. Nul ne peut contester leur pouvoir, nul ne peut remettre en cause la vérité qu'ils ont dite. A commencer par celui qui doit la subir. On exécute le condamné à mort dans le silence du petit matin pour que ses hurlements d'innocence, sa simple protestation d'homme contre cette injustice absolue ne soient entendus que de ceux qui sauront garder leur honte pour eux. On étouffe les cris des prisonniers derrière les murs de la prison. Le condamné doit comme tout homme accepter la vérité qui a été dite. Plus il crie, plus on l'étouffe ; plus il réclame justice, plus on l'engloutit — jusqu'à ce qu'il accepte enfin pour vraie une vérité qui non seulement n'est jamais la sienne mais qui n'est pas la vérité tout court. Il faut qu'il courbe la tête, qu'il s'incline et accepte même et surtout le mensonge qu'on veut lui imposer. Alors, s'il refuse, il devient un rebelle qu'il faut de surcroît punir pour sa rébellion. Et à la punition injuste que lui ont infligée les juges en ajoute une autre pour ne pas accepter une vérité qu'il sait mensonge.

Roger Knobelspiess témoigne pour tous ceux-là. Car, derrière son cri, il faut savoir tous les autres. Combien sont-ils parmi les quarante mille enfermés à n'avoir pas commis les actes pour lesquels ils sont châtiés. S'ils n'étaient que mille, s'ils n'étaient que cent, la justice prouverait déjà statistiquement qu'elle ne fonctionne pas si mal. Mais comment pouvons-nous tolérer ces cent-là. Et tous les autres aussi, même ceux qui ont commis les faits et dont la durée de souffrance a été mesurée à l'aune du hasard.

Pourquoi Roger Knobelspiess a-t-il été condamné à quinze ans de torture immobile ? A la fois par nécessité et par hasard. Parce qu'il était socialement nécessaire de condamner son frère assassiné. Parce qu'il était nécessaire d'apaiser l'exigence d'une foule qui criait sa haine au nom de la sécurité, déjà. Mais aussi par hasard parce que son avocat croyait trop à son innocence et ne faisait pas assez confiance aux juges professionnels tout d'abord saisis qui n'auraient pu lui infliger cette peine. Parce qu'un avocat général ne devait réfléchir et s'inquiéter que lorsqu'il était trop tard. Parce qu'aucun juré ne fut récusé et que le hasard désigna des hommes qui ne voulaient pas douter.

Comment est-ce possible ? Car, si l'on regarde le dossier, si l'on s'aperçoit qu'il n'y a pas un, mais au moins quatre dossiers dans cette affaire, si l'on découvre les incertitudes, les hésitations, les contradictions de la justice, les insuffisances de l'enquête, si l'on se pose aujourd'hui les questions qu'il aurait fallu se poser alors, si l'on s'interroge sur cette nécessité qu'il y avait à condamner Roger pour des raisons qui n'avaient rien à voir avec les faits, comment ne pas être terrifié devant cette certitude définitive ?

Dans la nuit du 25 au 26 mai 1969, le pompiste Montfort, à Carsix, est victime d'un vol à main armé. Un coup de feu est tiré par terre par l'un des auteurs qui se sont enfuis dans une DS volée dans l'Oise dans la nuit du 14 au 15 mai, qu'on retrouvera presque immédiatement accidentée et dont les occupants se sont enfuis. Le préjudice est d'environ huit cents francs.

Le 20 mai, Roger Knobelspiess est sorti de prison. Les gendarmes l'attendaient à la porte. Mais il leur fausse compagnie et revient chez lui à Elbeuf dans la DS rouge d'un ami que nous appellerons X... Les gendarmes d'Elbeuf cherchent ce déserteur et la DS rouge qui l'a ramené. Les gendarmes de Bernay cherchent les auteurs de l'agression de Carsix. Ces derniers présentent des photographies et notamment celle de Roger à la victime et à des personnes qui ont vu les occupants de la DS qui a servi à l'agression retrouvée accidentée. Roger n'est pas reconnu. Mais les deux brigades de gendarmerie se rencontrent. Et si le déserteur et l'agresseur étaient la même personne ? Coïncidence hasardeuse mais qui faciliterait grandement les deux enquêtes. Alors, le 28 mai, on représente les photos, et là Roger est reconnu. Voilà pour les charges, avec en plus les aveux accusateurs d'un homme qui a participé à l'agression. Et tout cela, bien entendu, avec le lot habituel de contradictions et également un alibi de Roger que nul ne voudra prendre en considération.

Mais dans la nuit du 28 au 29 mai, alors que les gendarmes sont déjà allés chez X..., ont trouvé dans sa voiture des objets appartenant à l'un des agresseurs, dissimulés, des munitions de même calibre que celles qui ont servi à l'agression, alors que X... leur a échappé, une série impressionnante de cambriolages sont commis dans la région. Et bien entendu, toujours pour faciliter l'enquête, pourquoi le déserteur du 20 mai, l'agresseur du 26 mai, ne deviendrait-il pas aussi l'auteur de ces cambriolages ?

D'ailleurs des témoins le reconnaissent et lorsque Roger sera arrêté le 12 juin à Besançon, il sera inculpé non seulement de l'agression mais aussi d'avoir commis une dizaine de vols qualifiés dans la nuit du 28 au 29 mai. Bien entendu, X... et un ami à lui, qui paraît-il se ressemblent au point qu'on les prend pour des frères et qui eux-mêmes ressemblent à Roger, ont été soupçonnés mais ils ne sont pas inquiétés, pas même présentés aux témoins comme ils ne seront présentés aux témoins dans l'affaire de Carsix. Mais, tout cela est si invraisemblable, les traces de pas relevées correspondent si peu aux dimensions des pieds de Roger, que, malgré les témoins, le juge rend un non-lieu. Pourquoi l'incertitude dans un dossier n'a-t-elle pas provoqué l'incertitude dans l'autre ? A vrai dire si ! Et c'est bien la raison pour laquelle le juge d'instruction, hésitant à rendre un non-lieu, renvoya finalement Roger devant le tribunal correctionnel, faisant, comme souvent, du doute une demi-mesure.

Un deuxième dossier aurait pu faire réfléchir la justice. Le 28 janvier 1969, alors que Roger était en prison, une agression a lieu à Oissel, quatre individus, circulant en DS, emportent un coffre et tirent quatre coups de feu. Celui qui a tiré mesure un mètre soixante-dix environ, il a le visage allongé...

Les cartouches qui ont été tirées font partie d'un lot SF.I.2, 62 et RY C1. 62 ont été volées au cours de l'année 1968 au 71e régiment du génie et au 39e régiment d'infanterie à Rouen. A cette date Roger était en prison, mais aucune enquête ne sera effectuée sur les conditions dans lesquelles ont été volées ces cartouches, et celui qui s'accusera accusera Roger, n'est-il pas en train d'effectuer son service militaire à Rouen ?

Plus encore, le professeur Ceccaldi établit sans erreur possible que l'arme qui a tiré le 28 janvier est la même que celle qui a tiré le 26 mai. Rappelons que le 28 janvier Roger était en prison.

Le dossier d'Oissel sera purement et simplement classé. X... ne sera même pas entendu et personne ne s'interrogera ni sur le vol de munitions ni sur l'identité de l'arme.

Mais un troisième dossier est encore plus significatif. Lorsque les gendarmes recherchent leur déserteur agresseur, ils fouillent la voiture de X... qui va s'échapper. Et ils trouvent « dans une cache aménagée dans la boîte à gants » les cartouches. Or, ces cartouches sont justement du lot dérobé en 1968 dans les casernes de Rouen qui ont servi à Oissel le 29 janvier. Dans cette voiture est monté un poste de radio Visseaux qui provient de la DS volée dans l'Oise, laquelle a servi à l'agression de Carsix. Lorsque X..., qui prétend qu'il était à Vézelay dans la nuit de l'agression, sera arrêté, il indiquera simplement qu'il ignore tout des cartouches sans que personne se préoccupe de ce qu'elles se trouvaient dans une cache aménagée, qu'un simple passager ne pouvait donc utiliser. Mieux, il prétendra avoir acheté le poste de radio, ce qui est un mensonge manifeste puisque le propriétaire fournit la preuve indubitable qu'il a été démonté sur la DS volée le 14 mai qui a servi à l'agression de Carsix.

Qu'importe ! il faut condamner Roger, et finalement personne ne se préoccupera de savoir qui a volé la voiture alors que Roger était en prison. Mieux, X... sera même relaxé pour le recel du poste de radio et jamais inquiété pour le recel des cartouches...

Au passage, d'ailleurs, ce troisième dossier X... indiquera que ce n'est pas dans la nuit du 26 au 27 mai comme il l'avait d'abord prétendu qu'il est revenu de Vézelay, mais dans la nuit du 25 au 26 mai, nuit de l'agression de Carsix. Mais personne ne s'en préoccupe.

Voilà pourquoi un homme hurle son innocence depuis onze ans sans que nul veuille l'entendre.

Ce qu'il demande c'est la révision de son procès, c'est-à-dire tout simplement d'être à nouveau jugé. Ce qu'il demande c'est que les juges enquêtent à nouveau, réfléchissent, soumettent à l'opinion publique les éléments de cette affaire.

Mais le ministre de la Justice a un pouvoir arbitraire total. Lui seul décide s'il convient ou non de saisir la Cour de cassation. Est-ce que, selon la jurisprudence, la réunion de tous ces éléments, la prise de conscience de ses amis, les cris de Roger même qui n'a pas plié après onze ans de souffrance indicible ne sont pas de nature à faire naître « un doute sérieux sur la culpabilité » ?

Tout homme de bonne foi peut répondre à cette question qui va être posée au garde des Sceaux.

HENRI LECLERC

Avocat à la Cour.

Table des matières

Achevé d'imprimer le 5 octobre 1981
sur presse CAMERON
dans les ateliers de la S.E.P.C.
à Saint-Amand-Montrond (Cher)
pour le compte de France Loisirs
123, boulevard de Grenelle, Paris

Dépôt légal : 4e trimestre 1981.
N° d'Édition : 6287. N° d'Impression : 1251.
Imprimé en France